敦煌藏经洞史话

沙武田 编著

甘肃人民出版社

图书在版编目（CIP）数据

敦煌藏经洞史话 / 沙武田编著. -- 兰州 : 甘肃人民出版社，2019.5
ISBN 978-7-226-05453-6

Ⅰ. ①敦… Ⅱ. ①沙… Ⅲ. ①敦煌石窟—通俗读物 Ⅳ. ①K879.21-49

中国版本图书馆CIP数据核字(2019)第100607号

责任编辑:牟克杰
封面设计:梁　楠

敦煌藏经洞史话
沙武田 编著
甘肃人民出版社出版发行
(730030 兰州市读者大道568号)
兰州奥林印刷有限责任公司印刷
开本787毫米×1092毫米 1/16 印张 13.25 字数 208千
2019年6月第1版 2019年6月第1次印刷
印数:1~5 000

ISBN 978-7-226-05453-6 定价:78.00元

序 言

时至今日，在漫漫的人类文明史长河中，对整个宇宙和地球而言渺小的人类不知道创造了多少的奇迹和神话，有埃及的金字塔和狮身人面像、罗马的竞技场、巴比伦的空中花园、中国的长城、秦始皇兵马俑……还应有中国的敦煌莫高窟。

大自然可以鬼斧神工，而人类却是仅靠着自己一双灵巧小手和具有无限智慧的大脑，敦煌莫高窟就是人类自己千年辛勤劳作和尽情发挥艺术思维的结晶。

敦煌是人类文明和中华民族深厚博大文化的集中体现，连接着中国文明、印度文明、波斯文明和拜占庭文明，处在世界几大文明交汇的十字路口。

由南往北远眺敦煌莫高窟

莫高窟塔林和三危山

敦煌是丝绸之路上一颗璀璨的明珠，莫高窟被誉为沙漠中的艺术长廊，丝路明珠，中国的佛教美术全集，绽放着永恒的艺术魅力。

著名的敦煌学家姜伯勤先生曾经如此深情地讲述他心中挚爱着的敦煌："敦煌的文明史，以缩影的形式显示了一个民族心灵的提升和追寻超越智慧的历程，以一斑而得以窥见一个当时正处于开花季节的伟大民族的心史。"

如此奇迹般的敦煌，有着更为神奇并神话般的故事，那就是"藏经洞"。

可以毫不夸张地说，藏经洞的发现，才正式揭开了敦煌神秘面纱的一角，敦煌才渐为人知，"敦煌学"才迈出了极为沉重的一步，虽然"伤心史"也伴随而至。

而有喜剧效果的是，伟大的敦煌是跟随着自身内含的藏经洞而一步步走出沙漠戈壁的，更为有意思的是这迈出的第一步，就是一大步，漂洋过海，真可谓是不鸣则已，一鸣惊人！最终藏经洞要回到自己应有的地位，永远是敦煌不可分割的一部分，一个内涵。敦煌打出的第一张牌，就是一张"王牌"。也因此而诞生了一门新兴的学问——"敦煌学"，而且这门学问一开始就是以"世界显学"的大架势显现。

藏经洞之于敦煌，如同鱼之于水；敦煌之于藏经洞，则是骨肉相连。

因此了解敦煌，就更不能不知道藏经洞了。

洞察藏经洞，也是对中国近代学术的把握，藏经洞从某种意义上来讲，把中国传统的学术向前大大地推进了一步。因为客观事实的逼迫，与外国同行的盛气凌人之姿态，还有对国宝流失的痛心疾首，因藏经洞而引发的一场国际学术的竞赛，一夜之间展开在世界各国。不管如何，藏经洞的祖国仍是重要的一支和主战场的所在地。这是一场没有硝烟的战争，不需任何的计谋，是一场灵魂与毅力，以及智慧的争执，也是为了华夏民族文明与文化归属的历史澄清，目的只有一个，就是为了使我们不再“伤心”。只可惜本应已眼看取胜的局面，却阴差阳错地让我们迟缓了近半个世纪，让敦煌再度沉静。但是“数风流人物，还看今朝”，改革开放只有短短四十年时间，我们迎头赶上，敦煌也尽展博大厚重之历史文化积淀。因藏经洞而引发的国际学术竞争，最终还是让位于中国学人。说此话并不是自大与不自量力，也没有对学术之大同翻案之意，更不是否定中国学术泰斗季羡林老先生的“敦煌在中国，敦煌学在世界”的说法，只是对客观事实的尊重，对自己历史的深情，对国人学术的欢呼。

如此重要之地位者——藏经洞，时至面世百年之际，仍笼罩着神秘之面纱，也是一般人心目中的一个神话，更多的是每一位游人一时口头之时髦词组；敦煌热如此的浪潮不断，更多的是表面文章……试问国人之中又有几人真正地知道敦煌，真正地了解藏经洞呢？

夜晚的莫高窟窟区景色

的确，藏经洞过于神秘，过于专业化，似乎离大家的生活过于遥远。其实并不是这样，一个民族无论如何是不能忘记自己的历史，更不能忘记屈辱史，也不能视自己文明的精华而不见。如果驻足下来看一看那些常年奔走在敦煌莫高窟的外国人，连他们都是为了寻人类文明之根，为了一个神圣的使命，为了一睹中华民族悠久而灿烂的文明，作为一个炎黄子孙，实不应该说不知，那是对自己无知的最大嘲讽。

那么，藏经洞到底是什么？藏经洞的真实历史面貌，藏经洞的性质、封闭原因与时间，藏经洞的发现之秘密，藏经洞文物的内涵、流散、收藏，藏经洞所展现的“伤心史”与学术，与藏经洞紧密关联着的诸多人物的前前后后，以及任何与藏经洞有关的事与物，由藏经洞而引发的对敦煌、对历史、对学术的思考，等等，都将是我们在这本书中要为读者解答的疑问。我们写作的目的是为了让更多的人尽可能多地理解敦煌、了解藏经洞，了解自己的文明历史。

以此仅算作一位从事历史文化工作者，一位曾经是莫高窟的“常住百姓”，一位从事敦煌学研究者的最朴实的心愿吧！

是为序。

目 录 CONTENTS

引言一

莫高窟第285窟顶壁画

世纪之交的2000年，是属于敦煌的一年。

这一年在世界的各个角落都刻写着“敦煌”：从大报到小报，从电视到国际互联网；从敦煌学专家到大学生、中学生、小学生；从中国到国外，从甘肃到省外；从巴黎到伦敦、东京，从台湾地区到香港特别行政区……

2000年的盛夏，莫高窟盛况空前，这里聚焦了世界人的眼光。来自世界各地的“敦煌学”专家学者及政府要员近五百人济济一堂，共睹敦煌风采，共商敦煌大事。

不为别的，只因为一百年前，敦煌藏经洞洞破惊天，数以万计的中古时期的文物宝藏被发现，伴随其后的是一门国际性的“显学”——敦煌学。

敦煌被人们盛谈了一百年。

2000年人们共聚一堂，是为了隆重举行“藏经洞发现暨敦煌学一百周年纪念”大会。

敦煌藏经洞就这样被人们刻骨铭记着。

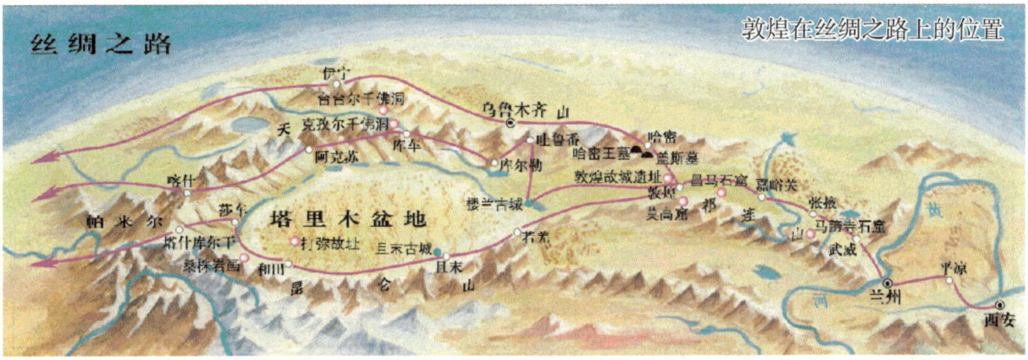

敦煌在丝绸之路上的位置

引言二

距离我写下上面一段文字已有18个年头了，我个人也在敦煌学研究的道路上摸索前行了22年，随着时期的推移，对敦煌的认识，对藏经洞的理解在不断加深。

改革开放40年，我们的祖国在践行中国梦的道路上砥砺前行，“一带一路”是新时代的世界性命题。而敦煌在这个伟大命题的召唤下焕发出异常照人的历史光彩，敦煌一次次成为世人关注的中心，因为敦煌成为这个伟大命题的最有力注脚。

近五年内敦煌走向世界的各个角落，不同形式、不同规模的会议、展览、文化创意活动吸引着全球人的目光，每至一地总是引起一阵阵的敦煌热，这是世界对中国传统文化与艺术的认同。

敦煌虽小，能量巨大，传统文化、中国艺术、丝路文明、丝绸之路国际文化博览会、国家文化与科技融合、大国工匠……都是敦煌的历史性担当。

今天是科技飞速发展的时代，世界的变化日新月异。如何在这样的时代保持历史的记忆、守住文明的光芒、拥有朴素的工匠精神，时代赋予敦煌伟大的任务。

分享对敦煌的感受，交流对藏经洞的知识，或许对今天的我们认知传统文化有全新的意义。

2016年美国敦煌展

【何为“藏经洞”】

敦煌藏经洞的历史本来面目

敦煌藏经洞（The Library Cave of Mogao Grottoes），即为今莫高窟敦煌研究院编第17号洞窟，位于第16窟甬道北壁，是今天莫高窟南区洞窟北头“三层楼”的最底层第16窟的附设小禅窟，其实原本与第16窟是同一洞窟，二者合而为一。

由发现于藏经洞的一份敦煌遗书、后流散于外、新中国成立后20世纪50年代由北京的一位叫吴曼公的人收购并捐赠、现存于敦煌研究院的《腊八燃灯分配窟龛名数》写本记载可知，该洞窟即第16窟在历史上被当时人们俗称为“吴和尚窟”，是莫高窟最大的背屏式洞窟，晚唐大中五年至咸通三年（851—862）间，由当时的

莫高窟藏经洞第17窟所在位置（第16窟吴和尚窟甬道北壁）

河西都僧统洪辩法师所建。吴和尚窟窟形呈方形，面积约240平方米，顶为覆斗顶，四壁不开佛龛，洞窟主室中心设方形或马蹄形佛坛，坛后有大型通顶的背屏。窟前依崖构建三层木构窟檐，第一层即第16窟“吴和尚窟”，第二层为第365窟即“七佛堂”，第三层为第366窟，此三层洞窟均为河西都僧统洪辩主持营建，是洪辩的功德窟，在莫高窟洞窟营建史上占有十分重要的地位。

藏经洞所在位置示意图

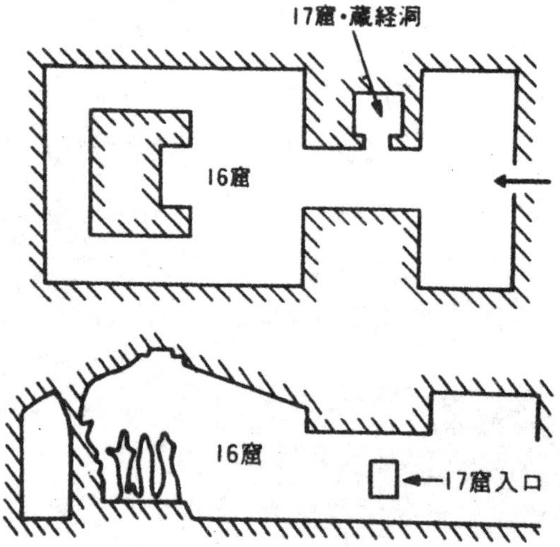

图 2 藏经洞位置图

藏经洞原是河西都僧统洪辩生前的禅窟，也称为罗汉堂，即洪辩在他的功德窟“吴和尚窟”内特意设计修建一小方室，以便于修禅之用。此小禅室坐北面南，平面近于方形，覆斗形窟顶。边长不足3米，壁高不足2.5米，全窟通高3米。北壁贴壁建长方形禅床式低坛，其侧面和前侧面画有壶门、衔灵芝的鹿、茶花边饰和云头僧履（即僧靴）——为禅堂所特有的“双履图”。表明这个低坛是供僧人习禅的禅床。禅床上，端坐一身泥塑洪辩像。北壁画菩提树二，枝叶相接。菩提树左侧画比丘尼一，双手捧持对风团扇。菩提树右侧画近侍女一，一手持杖。中间是两株枝叶繁茂的菩提树，树枝上悬挂着僧人使用的净水瓶和挎袋。均明显是在纪念洪辩生前的生活写照。更为有意思的是，此身洪辩彩塑像是被确定为他的生前真容写真像，即“邈真像”，因此在洪辩死后此小室又成了洪辩的影堂，又称影窟、纪念堂。

西壁嵌大中五年（851）《洪辩告身碑》一通，碑文分为三段，从上而下依次是：洪辩告身、敕牒诏书和敕赐衣物录本，即分别为“唐宣宗大中五年敕河西都僧统洪辩及沙州释门义学都法律悟真告身”、“唐宣宗诏书”、“唐宣宗所赐信物牒”，均是朝廷封赐，由于十分珍贵，因此特别刻碑纪念。这些有关洪辩的资料刻在碑文中嵌在西壁，表明此小室作为洪辩影堂、纪念堂的性质，而且是他的写真纪念堂。

藏经洞开凿的时间应与第16窟“吴和尚窟”、第365窟“七佛堂”等为同时代，或者略晚一些时间。但是考虑到最初作为洪辩的禅堂之用，估计不会太晚，大约为唐大中五年（851）至洪辩死时咸通三年（862）。

藏经洞开凿的原因是为了高僧坐禅修行，后来自然也就成了高僧的影堂、纪念堂。而作为寺院僧人藏经的“藏经洞”实属偶然与例外，并不是原来本有的性质。所以今天人们一谈到藏经洞，马上就想到的是1900年被王道士发现的宝藏，而极容

莫高窟晚唐的吴和尚窟第16窟主室

莫高窟藏经洞内洪辩告身碑

易忘记该小洞原来本来的历史面貌。

因此若用科学与实事求是的态度，藏经洞的历史与性质大概经历了以下三个阶段：

最初是归义军都僧统洪辩法师坐禅修行的小禅窟，之后又成了洪辩圆寂后的影堂与纪念堂，再后来被敦煌人改造为敦煌僧人藏经的地方，即为“藏经洞”真正意义的来历。

藏经洞内洪辩塑像与壁画

【藏经洞的真正主人——河西都僧统洪辩法师】

莫高窟藏经洞内洪辩彩塑像

洪辩（?—862），敦煌著名僧人。祖籍不详，但不是敦煌旧族。也称吴僧统、吴和尚。俗姓吴。父亲吴绪芝，曾任建康（今河西高台骆驼城）军使，后领军甘（张掖）、肃（酒泉）二州之间。吐蕃占领凉州（武威）后，河西节度使杨休明移镇沙州，并于唐代宗大历元年（766）发建康军保卫沙州。吴绪芝及他的几个儿子也随军移驻沙州，举家至敦煌。后来吐蕃统治敦煌时期，吴绪芝隐居不出，住守乡里，拒不出任吐蕃官职，可见他有高尚的民族气节。

洪辩母亲南阳（今河南南阳）张氏人。长兄吴滔，早年少亡。次兄吴季连，做过吐蕃王子家臣“试太子家令”，后辞官归里，笃信了佛教。洪辩年幼时出家，长大后即为僧人，在寺院聪明好学，并有非常之辩才，熟悉吐蕃语，传译佛典，成为著名的译经僧，精研佛教唯识学，是一名有造诣的学问僧。

洪辩是一位道行高深的禅僧，对习禅身体力行，并为了方便自己修禅，在他的功德窟内建一小禅室，用作禅修。我们从他的真容彩塑像中可以看到洪辩身体魁伟，气度不凡，俨然一高僧大德。

洪辩也是吐蕃统治敦煌时期的著名僧人，与吐蕃统治者关系密切，在寺院管理方面担任重要职务。曾任知大蕃沙州释门都法律兼摄副教授十数年，迁释门都教授。832—834年于莫高窟开“七佛堂”（今第365窟），窟内坛下建窟功德文中有他的题名。又建“法华无垢之塔”，至今未知是那一窟或什么建筑。也负责管理沙州各寺院佛经的出入，并给保管经卷僧人发给凭执。

他也是敦煌历史上有名的具有民族正义感的僧人，在推翻吐蕃统治过程中立有大功。他团结和领导沙州寺院僧人，于大中二年（848）协助张议潮起事，成为归义军政权中的一支重要力量。在张议潮起义不久遣使入朝奉表时，洪辩也遣他的弟子、沙州著名僧人悟真从行，代表着沙州归唐的另一支重要力量，即僧界。表明了洪辩在归义军之初的影响非同一般。

大中五年（851），被唐宣宗敕为京城内外临坛供奉大德，充河西释门都僧统，摄沙州僧政、法律三学教主并敕黄牒。统领沙州十六所寺及三所禅窟。撰有《李教授者梨写真赞》。河西都僧统一职，是洪辩的最高释门职位，是当时河西归义军佛教界的领袖人物，长期驻守敦煌。其实早在吐蕃统治时期，洪辩就已经是释门都教授，都教授相当于后来的都僧统，说明洪辩早在吐蕃统治时期就已经在佛教界确立了自己的地位，也正因为这样才为他日后能统领僧界为张议潮归义辅臂左右奠定坚实基础。

唐懿宗咸通三年（862），洪辩逝于沙州当寺，圆寂后，族人及弟子就禅窟为影堂（藏经洞），内塑真容并立《告身碑》，并在墙壁上画上了菩提树、近侍女和比丘尼，以及“双履图”，是典型的高僧坐禅图。同时在塑真容像时，把洪辩的骨灰袋、告身、诏书及朝廷赐物一并塑入像内，真正意义上成为他的纪念堂。

洪辩作为一介僧人，先后事两朝之主，又能够顺应历史潮流，申明大义，帮助张议潮赶走吐蕃统治者，在张氏归义军政权中身居要职，统领河西佛教事务，作为政教合一的归义军政权，可见洪辩在当时的地位之高，因此他能够在归义军出使唐廷时也派出一支僧人使节。也正是因为他的特殊地位，后来在莫高窟创建包括“吴和尚窟”、“七佛堂”、“法华无垢之塔”等在内的功德窟。

立于第17窟洪辩影堂的告身碑，高149厘米、宽66厘米，原立于窟内西壁，藏经洞发现后，斯坦因、伯希和劫经时仍立于窟内原处，后由王道士移出立于第16窟甬道，1964年敦煌文物研究所又将其复立原位。一般称其为《洪辩碑》，内容包括有关洪辩的告身、诏书和信物名牒等三方面的内容，这三方面内容分别刻写于碑的上、中、下三段排列。此碑是在洪辩圆寂之后由其门人弟子及家族人所立，是和真容彩塑像的时间一样，性质上也是为了纪念洪辩的德高望重，更加突出影堂纪念的性质。

在《洪辩碑》中提到的地位仅次于洪辩的僧人悟真，是洪辩的高足，约811—895年。同样为敦煌名僧，俗姓唐，十五岁出家，二十岁受具足戒，沙州灵图寺僧，张议潮起义时，跟随洪辩参加了推翻吐蕃统治时期的起义，是洪辩有力的助手，在敦煌佛教界的洪辩时代，他的地位仅次于洪辩。大中四年（850）曾奉洪辩之命与张议潮派出的使节一道前往中原唐廷，在长安与一些重要的朝官及京城诸大德有友好往来，互赠诗词。大中五年五月与洪辩一道被朝廷授京城临坛大德、赐紫、沙州释门义学都法师。大中十年授河西副僧统，位于洪辩之下，二人一道主持河西、归义军瓜沙佛教事务。一直在归义军政权内部有很高的地位与影响。也是当时敦煌地区的学问僧、文化名人，为一代僧俗名流，著有大量的作品。广明元年（880）一度病危，请人画好了生前邈真像并写好了生前邈真赞，但又康复。895年圆寂于沙州，享年85岁。主持河西僧务四十年。

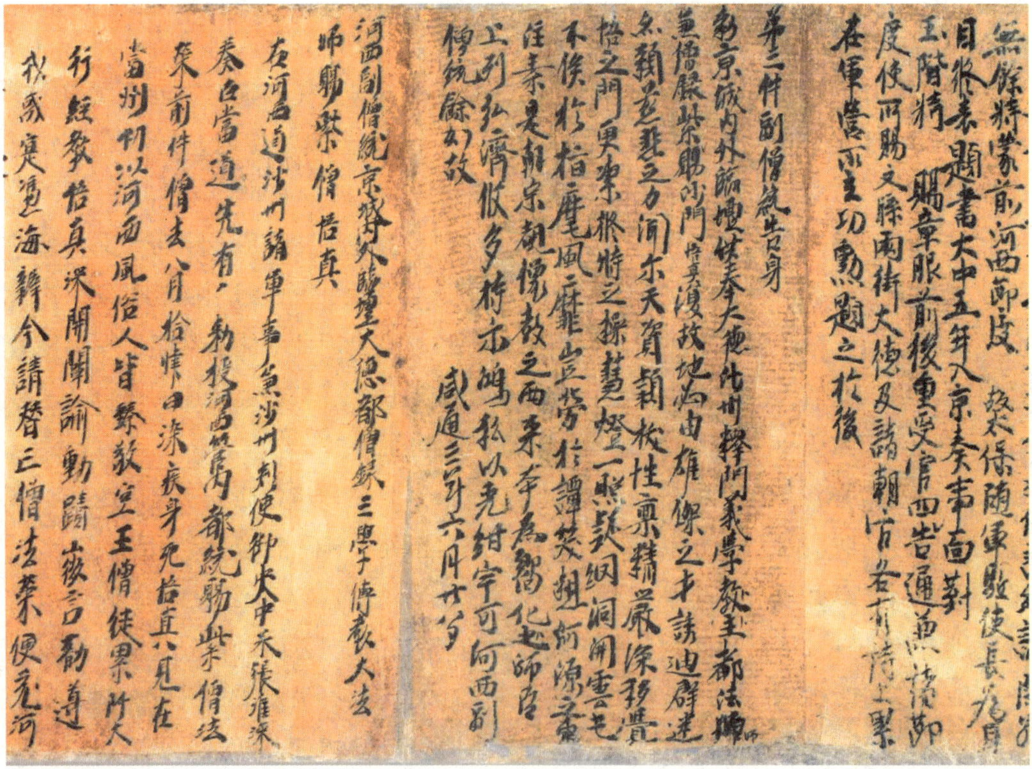

敦煌写本P.3720《悟真告身》

【洞破惊天】
藏经洞发现记

藏经洞是怎样被发现的？至今仍众说纷纭。对于王道士发现藏经洞的详细情节和具体过程，传闻较多，学界的说法不一，也没有找到十分确切的资料记载，因此无法成为定论。由于藏经洞发现后成了国内和国外人们注意的焦点，也由于藏经洞发现的价值和意义非同一般，加上藏经洞文物的大量流散国外，各种原因使得藏经洞的发现成了人们关注的焦点之一。由于没有确切记载，以讹传讹，现在主要流传有以下几种说法：

1.一百年前，莫高窟“三层楼”“七佛堂”下的洞窟即今第16窟甬道中，细沙堆积，差不多壅到窟顶。那些细沙是由风力吹入石窟，多年日积月累而成的。住持道士王圆箓雇了几个民工清除积沙。积沙清除得所剩不多时，突然听到响声，入口附近的壁面裂开缝子。原来，由于长时间积沙的堆积，窟壁失去积沙的壅护，倾斜龟裂。王道士他们敲了敲那面窟壁，发出空洞的声音。或有可能从裂缝中可以看到另一小洞。于是王道士和其中一个姓杨的伙计拆除了这墙败壁，里面露出土坯垒砌的小门。王道士发财心切，以为里边有密藏的金银财宝，拆除了土坯，打开了那扇小门。眼前呈现一个黑黝黝的复洞，丈余大，有白布包等无数，充塞其中，装置极整齐，每一白布包裹经十卷。复有佛帧绣像等则平铺于白布包之下。洞里堆满

20世纪初被流沙淹没的莫高窟底层洞窟状况

20世纪50年代的莫高窟外貌

各种写本、印本或拓本的书，大量经卷、文书、账册、帛书、绘画、织绣、铜像、法器等，总量达五万件之巨，这就是著名的敦煌藏经洞。这一记录来自1942年—1943年逗留莫高窟后移居台湾的著名画家谢稚柳先生的记载，距藏经洞发现四十余年，分析也基本符合藏经洞宝物的收藏方法，应该说是较为可信。

2. 在王道士的墓志上是这样写藏经洞发现过程的：王道士极力经营莫高窟，光绪廿五年五月廿五日以流水疏通三层楼沙子，沙出壁裂一孔，仿佛有光，破壁，则有小洞，豁然开朗，内藏唐经万卷，古物多名，见者惊为奇观，闻者传为神物。应该说由王道士徒子赵明玉和徒孙方至福为其师父师爷死后所立碑志，对王道士发现藏经洞之事不会有误。流水疏沙似有不妥，时间又有出入，但是总的还是清沙洞现，与前相同，似有一定的可信性。

3. 光绪三十二年（1906）立于莫高窟第16窟甬道北壁、藏经洞窟门对面的《重修千佛洞三层楼功德碑记》则记载：王圆禄目睹佛洞寂寥，多为流沙所淹没，因发愿扫沙开洞。庚子（1900）孟夏，发现藏经洞，内藏满佛教经典，并有铜佛，又有唐大中五年沙门洪辩立碑。王道士亲自参与了三层楼的重修工程，三层楼又与藏经洞关系密切，同时也是位于王道士住地下寺位置正对面（此时下寺三清宫并未建成）。此说仍为清理流沙发现藏经洞，与前两种说法一致，因此此说亦较可信。

4.据著名画家张大千20世纪40年代敦煌之行时的笔记称，藏经洞是莫高窟当家道士王圆箓雇用的杨师爷，在今编号为第16窟的甬道中抄经时偶然发现的。说王道士到莫高窟住了下来以后，收取香火钱，同时又雇人抄经以便出售，当时王道士雇书生杨河清在第16窟甬道立一香案抄经。杨常在休息时用芨芨草点烟抽，也经常把燃余之草顺手插在甬道北壁的裂缝中。光绪二十六年四月二十七日半夜，杨某在此伏案写经，这次他和往常一样，吸完烟后就把燃剩的芨芨草插在了墙缝中，意外的是插而不止并掉了进去，以旱烟管敲击，则发出呼呼的空声。于是心生疑惑，便和王道士商量了一下，二人打开泥墙，出现一扇封闭的小门，内有一石室，藏经无数。当王道士与杨师爷一起扒开伪装的墙壁，除去封门的土坯，封存了近千年的藏经洞赫然面世。此杨师爷极有可能是与谢稚柳所记王道士所雇清沙伙计杨某为同一人，只是发现的原因、时间和过程有所不同，大概为时人的演义附会。

莫高窟藏经洞所在的三层楼建筑

5.在政府运走王道士看管的藏经洞文物之后，王道士得到少许银钱，心中一直不满，于是便上书清廷，要求给他银两以修补佛窟之用，便以他的名义写了一封《催募经款草丹》，此件为梅红纸墨书，20世纪40年代发现于下寺一木柜中，现存敦煌研究院。文中记：清朝光绪皇帝年内，王道士游至敦煌，参拜佛窟，看到洞窟佛像破毁不堪，于是发愿募化补修。1900年6月22日，忽有天炮响震，山裂一缝，王道士与工人用锄挖之，闪出佛洞一所，内有石碑一个，上刻大中五年国号，上载大德悟真名讳，系三教之尊大法师。内藏古经万卷。此说虽为王道士亲手炮制，但显然是与事实不符，纯属王道士为了催款所编，夸大事实，神异历史，也有为自己上彩之意。文中提到“贫道同工人用锄挖之”，说明王道士当时确有雇人清沙修窟之事，应与前几说有联系。

以上种种说法，归结一下，王道士雇人清沙发现藏经洞一说当属可信，也合情合理，因为我们在莫高窟第16窟甬道北壁可以明显看到一道道沙线基本上掩埋到甬道顶，因此可以想象得到积沙对甬道南北壁的巨大压力，无形中会使北壁藏经洞处由于内空而产生破裂，一旦把积沙清理掉，必然会出现裂缝，甚至于发生墙壁倾斜或塌陷的情况，当时清沙人多眼杂，这样发现藏经洞就成理所当然之事。

藏经洞门口吴和尚窟甬道壁画供养菩萨像

【藏经洞文物流散记】

公元1900年6月22日，即清光绪二十六年五月二十六日，敦煌莫高窟“藏经洞”意外发现，这是中国20世纪的考古大发现，也是和内阁档案大库、殷墟甲骨、居延汉简相齐名的中国古文献的四大发现之一。但不幸的是这一伟大的历史与考古大发现发生在正值八国联军侵华之国难当头与腐败的清政府摇摇欲坠的年代，不幸之二是藏经洞的发现者是为当时驻守莫高窟的一穷困落魄的道士王圆箓，当时中国大西北极为落后偏僻，又时值西方探险家对中国新疆和中亚广大地区的文物进行大肆掠夺的时期，因此诸多因素的综合也注定了出不逢时的敦煌莫高窟“藏经洞”文

1907年斯坦因所拍藏经洞口堆放经卷

物文献的“伤心史”命运，五万多卷经卷文书绝大多数流散国外。

藏经洞文物的流散是与几位人物的活动紧密相关联，因此在此以人物为线索分别介绍藏经洞文物流散的历史。

藏经洞的发现者莫高窟住持王道士

藏经洞的发现者王圆箓道士

王道士，湖北麻城人。本名圆箓，又作园禄。大约出生于清道光三十年（1850），死于民国二十年（1931）农历四月十八日，享年八十多岁，可谓高寿。从他后来的经历可以表明他大概出身于农家，家境也不会太好，小的时候读过几年书。以后家乡连年闹灾荒，据《麻城县志》记载，咸丰六年（1856）因为夏季闹干旱，庄稼几无收成，米价飞涨，饿死人之事极为普遍。可见王道士的童年生活并不会太美好，从今天可以看到的斯坦因给他拍的照片中可以看到，王道士身体矮小，也不结实，正是他从小就营养不良的反映。后来又因为天灾人祸而逃离家乡，来到西北河西走廊的酒泉一带。清光绪初，入肃州巡防营为兵勇。退伍之后，或无家可归，或想到自己的童年与逃难经历而不想回家，也没有合适的事情可做，在那个年月像他这样的人连吃饱肚子都成问题。于是他想出了一个最好的办法，在当地出家受戒为道士，师傅是一个名为盛道的当地较有名的道士，给王道士给了个道号，叫法真。

关于王道士“取名”的问题，先后在同样的资料1906年《重修千佛洞三层楼功德碑记》、1908年《三清宫》匾额及后来的《王道士摧募经款草丹》中写作“王圆禄”，而这三处文字资料均为王道士亲自或授意别人所为，不应有错。因此王道士本名应为王圆箓，而非其他，正如在这三处均称其为湖北麻城人一样，准确可信。但为什么在1931年由其徒子徒孙赵明玉、方至福在王道士死后百日之际所立《墓志》中又称其为“王园箓”，“禄”改作“箓”。由以上几处碑文资料可知“赵明玉”即为“赵明裕”，跟随王道士从整修三层楼到创建三清宫，一直到王道士死后为其师树碑立传，是王道士十分忠实的徒弟，也颇得王道士的赏识与喜欢。而另两位徒子王明发、姚明善各只出现一次，便再无他见。因此赵明裕不应在这时搞错师傅之名，于情理不符。但还有一细节应注意，在《墓志》中不仅把“王圆禄”写作“王园箓”，而且“赵明裕”自己也改作“赵明玉”，似有意而为，并非一时笔误所致。查词典可知“箓”即“符箓”，“符箓”又为“符”的总称，而“符”是道士所画的一种图形或线条，声称能驱使鬼神，给人带来祸福，迷信的人认为它有极大的魅力。由“禄”改为“箓”可谓别有用心，以使名副其实。

出家当了道士，本该安静地过下去，可是后来他又不满足于现状，因为他自己习惯了流浪生活，离开酒泉，向西云游，来到敦煌莫高窟，时间大约在清光绪二十三年（1897）。他之所以选择在本来是佛教重地莫高窟住下来，一是因为当时的莫高窟已经是非常萧条，一片荒凉，但是寺院的香火还是时而接续；二是莫高窟毕竟是个出家人生活的好地方，因为有老百姓的供养与施舍；另外，大概是因为莫高窟所在地环境清静优雅，在他经过多年的漂泊与流浪生活，没有亲人，孤身一人，衣食无靠，人已半百，体质下降，很想找一个安身立命的地方度过残生。于是莫高窟成了他最为理想的地方，更何况对他来讲，虽身为道士，那毕竟只是在当时没有办法的权宜之计，而且当时的敦煌老百姓也佛道都信，于是王道士就大模大样地待在莫高窟了。

王道士走进莫高窟时已近不惑之年，看到神圣宝窟无人管护，一片残破，受到严重的自然和人为的破坏，一种强烈的使命感，使他自觉自愿担当起了“守护神”的重任。他四处奔波，苦口劝募，省吃俭用，集攒钱财用于清理洞窟中的积沙，仅第16窟淤沙的清理就花费了近两年的时间。

此时莫高窟主要管理由互为隔墙邻居的“上寺”和“中寺”的僧人看管，但是当时这两所寺院的僧人主要是属于藏传佛教系统的喇嘛，对属于显教的洞窟没有多大的兴趣，因此莫高窟完全处在大自然的风吹日晒雨淋之中，一片残破的景象。这一点正为王道士进入莫高窟，并充当住持创造了一个千载难逢的机会，于是他以修窟补佛的名义，当然也不能排除他对佛教信仰的可能性，以及对莫高窟重要性的一点点认识，在莫高窟南区洞窟北头的“三层楼”对面选了一块地方盖了几间茅屋住了下来，并每天扫窟，也外出到城里乡下化缘。渐渐地他和当地的伸士百姓熟悉了，有了交往，加上藏经洞的发现，自己的身份地位也在敦煌与莫高窟确立了起来，因此参加了于1906年完工的由敦煌当地乡绅操办的莫高窟“三层楼”的重修工程。此时王道士摇身一变成了敦煌的名人，公然以“莫高窟主持”的身份自居。在王道士发迹之时，他广交地方绅士，地位大增。曾拥有一辆铁轱轮马车，这在当时的敦煌所仅有，不时驱车进城，颇有几分洋人过街的味道，自足自满之心情溢于言表，虚荣心理于此昭然，而其背后又有多少经卷文书下落让人触目惊心与不堪闻睹。于是他就觉得有必要为自己建一处可以代表自己身份地位的建筑，这时他又没有忘记自己是一个道士，便用老百姓施给他的用于修缮佛窟的香火钱，建了一座在当时敦煌来说是相当气派的建筑，即莫高窟道观“三清宫”，俗称“下寺”。在佛教圣地莫高窟公然堂而皇之地供起了道家三尊像，花的是敦煌老百姓施入佛窟的钱，似乎有些荒唐，让人总觉得多少有些欺骗的味道，也无法相信，但这就是事实，由此也可以看到莫高窟在当时的衰败，是与我们国家的处境一样，真是可谓“覆巢之下，安有完卵”。

道士塔

对王道士来讲，作为莫高窟住持固然也完全可以使他了却残生，但更幸运的事情等着他，藏经洞的发现，完全改变了他多难的命运，也使我们今天不得不去一而再、再而三地为他记录，为他书写。

王道士发现藏经洞既有必然性，也有偶然性。说必然性，是因为他走进洞窟，雇用人员清理洞窟中堆积多年的淤沙，踏踏实实做了大量的具体工作，只有清除淤沙，藏经洞的洞门才能显露出来。说偶然性，是因为王道士当初清除洞窟淤沙，不是为了要发现什么，而是为了保护洞窟，发现藏经洞完全是偶然的。

可以说，无论什么人发现藏经洞都是一种贡献，都是一个了不起的重大发现。因为藏经洞的发现就预示着“敦煌学”的产生。王圆箓发现了藏经洞同样有功，而不能视为过错。

藏经洞发现之后，王道士尽了最大的努力，做了他应该做的一切。不管是出于何种目的，他都一一向当地官方报告了藏经洞之事，也为他们送去了可以亲眼一观的宝物，一些在当地为官者和相互有关系的官员多有得到，文人老爷们只是玩玩雅兴，没有一人能够重视，得实惠者大有人在，如廷栋、汪宗翰、叶昌炽之流者，小到敦煌县令，大到甘肃省学台，可是对藏经洞遭劫的命运都无济于事。

藏经洞这样一个深藏于佛教石窟中的宝库为什么被一个道士发现、盗卖？这个问题称不上谜，但怎么想都觉得不可思议。清末的敦煌，已经大大衰落了，无法和前代相提并论。敦煌历史上的辉煌，大概因为地处丝绸之路的要道，商旅往来如织，而且又扼河西走廊咽喉，在军事上也据显要地位，历来是边陲重镇。因此，带动了经济、文化事业的繁荣发展。唐代之时，富商大贾云集敦煌，每天的集市分朝市、昼市、夜市三次，其兴隆繁华可想而知。而明清时代，中国外销商品转以茶、瓷为大宗，丝绸的地位一落千丈，加上随着航海事业的发展，航路的开拓，海上丝绸之路已一举取代了陆上丝绸之路的地位。这个过程从五代时就渐露端倪，到明朝关闭嘉峪关跌至谷底。相应地，随着商旅的凋敝，敦煌的落寞，莫高窟也衰败了，寂寂无闻地处于莽莽荒凉的戈壁滩腹心，不复当年佛教圣地的兴盛与荣光。而曾经信众云集的窟寺，也落了个烟火断绝。王道士没有雄才伟略，无力挽狂澜于既倒，却是一个勤快的人。就是这样，一个道士担起了四方化缘、集资整修莫高窟的责任。众所周知，王圆箓是一位地地道道的道士，而莫高窟又是佛教圣地，历来都是佛教徒活动的地方。然而，世事就是这样捉弄人，偏偏把一个道士安排在佛窟里，让太上老君的弟子为释迦牟尼效犬马之劳，这阴差阳错的安排委实古怪离奇。更令人不解的是，不知是王道士的行为感动了佛祖，还是无意的机缘巧合，佛窟里的秘密却让一个道士来发现，奇人遇奇事，出现了戏剧性的结果。

1907年斯坦因第一次来到莫高窟时，王道士已伴随藏经洞度过了7个春秋，中间已有不少的卷子散失外流于官府民间。据斯坦因自己后来的介绍，他为了看到日夜盼望的藏经洞，想了很多办法接近王道士，但王道士避而不见，弄得斯坦因束手无策。后来他了解到王道士对唐玄奘非常崇拜，便把自己装扮成唐玄奘的信奉者，并欺骗王圆箓说他是沿着唐玄奘西天取经的路来的，这一招很灵，是宗教信仰把他们的思想沟通了。事实的经过与细节是不是如此，可不可信，都是疑问。但有一个不用怀疑的事实就是，这次斯坦因用了不多的白银就换去了24箱遗书、遗画及其他文物5大箱。

据分析，当时王道士把经卷卖给斯坦因有几方面的原因。

一是在长达7年的时间里，他多次求助官方予以重视，而且是逐级上报，但无人过问，致使他灰了心。

二是为了完成他的宏愿，清扫洞窟，修建三清宫（下寺），架设木桥，需要资金。

三是唐玄奘沟通了他们的思想，斯坦因这个探险家追求事业的精神感动了他。

四是斯坦因之前拜访了县老爷，给王道士无形的压力。

五是斯坦因的中国师爷蒋孝琬是湖南人，与王道士算半个同乡，加深了二人交谈的亲近感。

因此王道士虽则思想极为矛盾，极不愿意让外国人将这些文物带走，但在无奈的情况下，也只好让了步。按理说，斯坦因走后就应该引起中国人的重视，尤其应该引起官方的注意。然而，中国的官方毫不在意。官方的态度使王道士更加放心地可以随意出售藏经洞的文物。1908年法国的汉学家伯希和来到了莫高窟，从王道士手中买走6000余件写本。1914年斯坦因再次来到敦煌，又从王道士手中买走经卷600多件，装满了5大箱。另外，日本的桔瑞超、吉川小一郎，俄国的鄂登堡，美国的华尔纳等人先后从莫高窟买走了不同数量的经卷。这些人如此行事，也从来没有受到任何限制。当时一批又一批的外国学者不远万里来到莫高窟探宝，可不知中国的学者都到哪里去了?

敦煌卷子流散于国外，自然是伤害了中国人的自尊心，站在民族利益的角度去看，这是一个损失。但是，我们也应该看到，流散于国外的敦煌卷子都是由国家级的博物馆、图书馆收藏，并得到妥善地保护，无一损坏现象。而中国则出现了另一种现象。在1907年斯坦因到来之前，无论王道士怎么呐喊都无人重视，当斯坦因把敦煌文物宣传于全世界时，当朝命官这才懂得了其重要价值，但他们不是考虑如何保护它，而是千方百计窃为己有。因此，一时间偷窃成风，敦煌卷子流失严重。有人拿着求官，有人拿着卖钱，有人纳入私囊。从一定意义上说，这是敦煌卷子自发现以后最大的劫难。1910年清政府做出决定，把剩余的敦煌卷子全部运往北京保存。在运送的路途中，几乎每到一处都失窃一部分。大量经卷的散失，曾经使王圆箓感到非常痛心，因为藏经洞是他发现的，多年来在他保管期间从未发生过无故大量散失的事，官方如此掠夺，又如此贪心，使他感到极大的愤慨。所以，当1914年斯坦因第二次到莫高窟后，王圆箓对他说了一段令人深思的话，《斯坦因西域考古记》是这样记述的："说到官府搬运他所钟爱的中文卷子致受损伤，他表示后悔当时没有勇气和胆识，听从蒋师爷的话，受了我那一笔大款子，将整个藏书全让给我。受了这次官府的骚扰之后，他怕极了，于是，将他所视为特别有价值的中文写本另外藏在一所安全的地方。"

但是当华尔纳来到莫高窟时，王道士的心情与做法就完全不一样了。北京大学的陈万里先生在他随华尔纳第二次赴敦煌"考古"时写的《西行日记》中有相关的记载，从中我们可以窥知一二，他在日记里记到了华尔纳准备攫取壁画的事情。当时藏经洞已空空如也，王道士手中的存货也早已销售一空，华尔纳便转移目标，盯上了莫高窟洞窟中的壁画和彩塑，他给王道士一点小礼物，施舍一点银钱，王道士就对华尔纳粘贴破坏壁画和搬走彩塑视而不见，一点点也不心疼，是与他所倡导的修补佛窟、推沙扫窟，并不断以保护千佛洞而向老百姓化缘的行为完全背离，因为华尔纳的行为完全是强盗的做法，从某种程度与情形上来讲是与其他各西方盗宝者没有区别。华尔纳在第二次的考察计划中就有整窟的搬迁计划，甚至想让莫高窟成为空洞，毫无价值，其狼子野心可谓昭然，强盗的嘴脸也狰狞可恶。王道士居然仍对此可以熟视无睹。

综观王道士的一生，童年与少年和青年时代都是在饥饿与凄楚中度过，中年浪迹天涯，无奈在兵营偷生，又无以为生蓄发为道，虽然后来在莫高窟风云一时，但是终归他自己也知道自己所做的一切并不是积功积德的事情，洋人们最终还是一次次地欺骗了这个精明的湖北佬，特别是受到了当地老百姓的唾骂。当地老百姓可以把华尔纳从敦煌赶跑，那就同样可以把出卖了藏经洞宝藏的王道士逼疯，事实上王道士晚年确实疯了，或至少是因为他的罪行而不得不靠装疯卖傻才能度过晚年。陈万里在《西行日记》1925年5月26日条中记有华尔纳第二次敦煌考察时看到王道士的凄惨晚年。另外，1926年12月26日华尔纳给斯坦因写的信中说道："只能找回一丝真实的影子，那就是我曾经给王道士赠送了一点银钱，只有75两，可是这个数字也被夸大到10万银圆，村民们因此去找王道士，要求和他分享这笔钱。王道士当然拿不出这笔现金来，于是村民们就以死来威胁他。王道士只能装疯卖傻，才躲过了这场灾难。翟荫去敦煌的时候，随身带着我过去的翻译员，这位翻译员在前一次随我访问敦煌时与王道士极为友好。但是此时王道士竟然不认他，躲得远远的！"王道士晚年的凄惨景象，于此可见。

1931年这位千古历史人物终于摇摇摆摆地走完了自己的一生，毕竟他在莫高窟还是有自己的事业，有自己的几个忠实的弟子，他的徒子徒孙如赵明玉、王明发、姚明善、方至福等把他葬在了莫高窟大泉河东岸的沙滩上，也为他修建了一个很气派的土塔，并立了一个功德木碑。这个塔在今天成了莫高窟一景，无论是作为功德塔，或纪念塔，或王道士的耻辱柱，都成了历史的记载。王道士以一个卑微之身，无论如何是可以满足了。

藏经洞自1900年发现，至今已有近百年的历史了。王道士苦守莫高窟30多年，把毕生精力奉献给了本不属于他的圣地，辞世也已70余年了。如今，莫高窟一片兴旺，敦煌学遍及全世界。按道家的戒律，道士死后不该建塔，舍利塔只是佛家的专利。然而，王道士走进佛窟，入乡随俗，他的徒子徒孙为他修建了这座莫高窟最高最大的塔，墓志上记录了他的功德。当我们看到佛家之地高高矗立的这座道士塔时，心里有难以言状的感慨。但愿我们正视那段历史，对王道土有公正的评价，以慰他在天之灵。王圆箓是一位平平常常的道士，但他的人生经历并不平凡。他是个文盲，在他的一生中不仅与普通百姓经常接触，而且与不同阶层的官员也打交道。不同寻常的是，他与斯坦因、伯希和这样著名的洋学者周旋时，不卑不亢，处事有序，实在不容易。作为一个人犯错误是难免的，但我们无论如何也不能以好与坏这样极端的词语评价一个人，功就是功，过就是过，功过是非应该明确。王圆箓是一个很平凡的人，我们不能以一个完人的标准去审视他。如果站在历史的角度去看待历史问题，或许才能得出客观公正的评价。

第一个劫宝的人——英国人斯坦因

斯坦因（MarcAurelStein，1862—1943），英国探险家。原籍匈牙利。曾在维也纳、莱比锡、牛津大学、伦敦大学学习。1887年到英属印度，任拉合尔东方学院校长、加尔各答大学校长等职。斯坦因1862年生于匈牙利首都布达佩斯一个犹太人家庭。他的父母都是犹太教徒，可是为了儿子的前程，却让他专门接受了基督教的洗礼。他们认为，接受基督教的洗礼是开启犹太居住区之门的钥匙，这样做的目的是为儿子开辟自由之路。后来的事实完全证明，他们精心的选择的确很有远见，这对斯坦因的一生都产生了重大而深远的影响。斯坦因10岁时就被送到德国上学，在学校里学会了德语、英语，还精通希腊文和拉丁文，后来他在莱比锡和维也纳上大学时又学会了梵文和波斯语，21岁时取得了博士学位。由此可见，他在学生时代就已表现出非凡的才华。25岁时他独身一人来到印度、克什米尔地区，从此开始探险、测绘和考古事业。他以一个地理学家为开端，进而成为一名世人注目的探险家和考古学家。从现在看来，他在探险中的发现和考古方面的贡献，要比他在地理方面的贡献大得多。他对事业的追求是十分执着的。只要是他认定要去做的事，无论有多么大的困难，遇到多少艰难险阻，他都不会因此而放弃。为了追求事业的成功，他终身没有结婚，把毕生精力全部投到他所热爱和追求的考古探险事业上。

斯坦因

斯坦因把一生中最好的年华都花在了亚洲腹地的探险考古事业，在英国和印度政府的支持下，先后进行四次中亚探险。

第一次探险（1900—1901）主要发掘和田地区和尼雅的古代遗址，其旅行记为《沙埋和田废址记》（SandBuriedRuinsofKhotan），正式考古报告是《古代和田》（AncientKhotan）。

中亚考察途中的斯坦因

第二次探险（1900—1908）除重访和田和尼雅遗址外，还发掘古楼兰遗址，并深入河西走廊，在敦煌附近长城沿线掘得大量汉简，又走访莫高窟，拍摄洞窟壁画，并利用王道士的无知，廉价骗购藏经洞出土敦煌写本24箱，绢画和丝织品等5箱。其旅行记为《沙漠契丹度址记》（1912），其中有敦煌骗宝经过的详细记录，其正式考古报告为《西域考古记》（1921），五卷。

第三次探险（1913—1915）又重访和田、尼雅、楼兰遗址，并再次到敦煌，从王道士手中获得570余件敦煌写本，还发掘黑城子和吐鲁番等地遗址，其正式考古报告为《亚洲腹地考古记》（1928），全四卷。还著有《在中亚的古道上》（1933），对二次探险做了简要地记述。

1930年，拟进行第四次中亚探险，被南京政府拒绝，其所获少量文物，下落不明。

四次探险所获敦煌等地出土文物和文献，主要入藏伦敦的英国博物馆、英国图书馆和印度事务部图书馆，以及印度德里中亚古物博物馆（今为新德里的印度国立博物馆）。藏品由各科专家编目、研究，发表大量的研究成果。斯坦因本人除上述考古报告和旅行记外，还编著有《千佛洞：中国西部边境敦煌石窟寺所获之古代佛教绘画》（1921）一书。在这四次探险活动中，可以说他是冒着生命的危险，经历了千辛万苦，闯过一道道艰难险阻。他曾穿过帕米尔喀喇昆仑冰雪覆盖的山谷，跋涉在风沙迷漫的塔克拉玛干大沙漠腹地。他走过这些人迹罕至的地方，克服了常人难以想象的困难，实乃人生一大壮举。他最终获得了巨大地成功，并为此感到极大地满足和自信。由于他在探险中有着惊人的发现，并获取大量的珍贵资料，深受英国政府的赞赏。被英女王授予爵士勋号，牛津和剑桥大学赠以名誉博士学位。更使他受感动的是被按受为维多利亚女王的臣民。

斯坦因是位考古学家，但不懂汉语，在1907年前往敦煌以前，他已经在新疆塔里木盆地南沿和田、尼雅、楼兰等地许多古遗址进行过发掘，盗取了大量文物和古代写本。早在1902年，斯坦因就从他的同乡好友、匈牙利地质学家拉乔斯·洛克济（LajosLoczy）那里，听说过敦煌莫高窟的精美壁画和雕塑，所以考察敦煌成了他很早的探险计划之一。

1906年斯坦因开始他的第二次探险活动。1906年4月20日，由8人组成的斯坦因考察团从印度出发，他们越过帕米尔高原，来到中国新疆。斯坦因在喀什聘请了一个中国师爷——蒋孝琬，作为他的汉语翻译和助手。他们沿古丝路东行，一路经过和阗、若羌、楼兰等地，挖掘了著名的楼兰遗址，发现了大量的珍贵文物。由于此时伯希和也在新疆考察，因此斯坦因一路比较小心，也大大加快了工作速度，为的是早在伯希和之前到达目的地敦煌。

斯坦因护照

1907年3月12日，斯坦因到达敦煌。利用各种欺骗的手段，配合蒋孝琬和王道士周旋，不久，一笔不寻常的交易达成了，斯坦因用很少的几块银圆和一个绝对严守秘密的保证，换取了满满24箱写本和5箱经过仔细包扎好的绢画或刺绣等艺术品，它们经过1年零6个月的长途运输，于1909年1月完整地抵达伦敦，入藏大英博物馆。当时在斯坦因挑选所要的卷子的同时，也曾经借机进过藏经洞，因此他是进入藏经洞的第一位外国人，当时洞内仅容二人，根本无法活动，斯坦因的挑选工作都是在藏经洞外进行的，一幅照片就是记录他在16窟甬道堆放经卷的情况。

斯坦因离开敦煌的原因是因为他在敦煌活动的时间有些长了，引起了当地人们的注意，同时敦煌的地方官员告诉斯坦因，兰州方面也来了命令，要斯坦因注意外交礼节。6月13日斯坦因一行率领着一支由大群运输骆驼和马匹组成的队伍，浩浩荡荡向安西进发，在榆林窟拍摄了两天。之后又到了酒泉，考察了嘉峪关长城，于8月28日到达甘州张掖，这是他所走的最东界线，在这儿活动了5天。9月25日返回到安西，取回了寄存在这儿的“战利品”。当时斯坦因还给王道士写了一封信，由蒋孝琬秘密去了一趟千佛洞，又从王道士手中得到了230捆手稿、3000多卷写本文书。

斯坦因的河西走廊考察结束之后，又进入新疆，一面派人将所得宝物运送回国，一面自己又在新疆的吐鲁番、焉耆、和阗、阿克苏、莎车等地考察、发掘和访问，直到1908年底回国。

斯坦因的第三次探险活动从1914年开始，3月24日斯坦因再次来到了莫高窟，受到了老朋友王道士热情地接待，王道士还给斯坦因过目了他的账目支出情况，并忠实报告了当日斯坦因“施舍”银钱的用处。王道士也抱怨了政府拿走藏经洞文物，却不给他兑现承诺之事，并后悔当日没有全部给斯坦因。此次经过斯坦因的交涉，王道士又拿出了私藏下来的几百卷写本，卖给了斯坦因，斯坦因又得到了整整4大箱的写本文书，加上他在当地收购所得，一共5大箱600余卷。

斯坦因是一位不折不扣的探险者。在进入新疆之前，他已经在印度、阿富汗和克什米尔等地进行了大量的考古发掘工作。不过就他的学术素养而言，说他是位考古学家，似乎还有些过誉，但他确实是一名出色的地理勘察者，他能够获得印度政府的资助，与在地图测绘方面的杰出才能是有很大帮助作用的——斯坦因很会把握每一个对自己有利的机会。当时来到中国西北的外国探险家，目的多少都有些不纯粹，他们能获得资助多半都是因为中亚地区的战略地位，德国探险队的赞助人就有欧洲的军火大王克虏伯。能够被称为真正的、严肃的科学工作者和考古工作者的，实在是寥寥可数，斯坦因并不在其列。斯坦因对中国文化，并不太了解。但他在印度工作多年，精通梵文，曾任拉合尔（今属巴基斯坦）东方学院院长和印度古物局局长，对于佛教性质的文化艺术，有相当深的认识。

斯坦因原籍匈牙利，是一名犹太人。他的父亲放弃了犹太教，不过犹太人这个最注重教育的民族的文化传统对于斯坦因的成长，还是起到了很大作用。他家族中除了斯坦因自己，他的叔叔和妹妹等都有超常的语言天赋，包括若干种死文字，这当然不是偶然。斯坦因1904年大愿得偿，入了英国籍，他如此狂热地为英政府工作，如此忠心耿耿地为英国谋利，想来与他新入籍、急于表现的心理不无瓜葛。虽说斯坦因对中国文化不够理解，但他有一种善于把握人的心理的天赋。因此，他抬出了一个人作为他的保护神——那就是深得中国人崇仰的到西天取得真经的唐僧玄奘。经过《西游记》之类小说、平话和戏曲的渲染，玄奘的事迹在中国那可真是妇孺皆知。他一路上打着玄奘的旗帜，很快就赢得了尊重和好感，为他打开了方便之

1907年斯坦因拍摄的莫高窟外景

门。说起来，斯坦因还真和玄奘有很多相似之处，无论是他们的经历，还是他们那种坚韧不拔、不畏艰险的精神。

1943年，81岁高龄的斯坦因死在今阿富汗首都喀布尔附近的考古发掘地，并在那里树起了自己的坟墓，真有点马革裹尸、鞠躬尽瘁的味道，想起来让人颇为感慨。由于斯坦因的探险受的是印度政府的资助，双方事先就成果的分配有了约定。因此，斯坦因在藏经洞中发现的成果就分藏在印度和英国，其中英国的部分文书在大英图书馆（BritishLibrary）、印度事务部图书馆（IndiaOfficeLibrary），绘画藏在大英博物馆（BritishMuseum）和新德里国家博物馆。

虽然斯坦因在事业上取得了巨大的成功，但是，他这种只顾事业而不分国界随心所欲的探险考古活动，侵犯了中国人民的利益，伤害了中国人的感情。

斯坦因的探险活动以及中国西北文物的大量流散，是有一个特殊的时代背景。19世纪末20世纪初，正当西方列强瓜分长江南北的大片领土的时候，在中国的西北地区，帝国主义国家也开始了一场掠夺、瓜分中国古物的竞争。英、法、德、俄、日本等以不同的形式派人来到这片古老的土地，数不清的中国古代珍贵文物被他们掠走，入藏于各个国家的图书馆或博物馆。在这场浩劫中，敦煌藏经洞的文献和文物，也没有逃过他们的魔爪。

帮助斯坦因盗宝的中国"师爷"蒋孝琬

蒋孝琬（？—1922），湖南人。现在对于他的了解，基本全来自于斯坦因的记录。他或称蒋资生，俗称蒋师爷。清光绪年间去新疆，在县、州行任师爷。光绪十五年（1889）后，一直在新疆莎车衙门任职。是斯坦因一生最好的朋友之一，也是斯坦因在敦煌考察收获巨大的关键人物与起主导性作用者。据斯坦因的记录，蒋氏身体状况很好，思维敏捷，能言善辩，文化素质较高，古文功底相当不错，对古物与考古有兴趣，也很见长于古物鉴赏。

斯坦因第二次中亚探险进入新疆后，由英国政府驻疏勒（今新疆喀什）代表马继业（GeorgeMacartney）介绍，蒋氏以助手身份与斯坦因同赴敦煌，同时教斯坦因中文。他协助斯坦因处理事务，疏通关系。帮助斯坦因诈骗到王道士保管的藏经洞经卷及佛画，记录和整理一路考古所得的资料，这些资料成为英国翟林奈及法国沙畹整理和研究斯坦因收集品中汉文材料的基础。光绪三十四年，受聘为英国政府驻疏勒总领事馆中文译员。

蒋师爷

一路上斯坦因和蒋氏建立了非常友好的关系，斯坦因等人也对蒋氏尊敬有加，因为在一定程度上讲，蒋氏几乎在他们考察过程中扮演了比斯坦因更为重要的角色。斯坦因对中文基本不通，这样一路上包括对出土物文字的释读、文物的认识与鉴别、资料整理工作都由蒋氏负责。更为重要的是斯坦因和当地政府官员的交涉，以及雇用人工，甚至于一些简单的基本生活问题，也是要由蒋氏出面。不仅仅是因为语言文字的关系，更为重要的是蒋氏本来在官府做过事，因此深谙此道，加上他本身所特有的素养与气质，使得蒋氏在疏通关系方面很自如，他们每到一地拜访当地官员，都是由蒋氏作为主要调节人，这样就为斯坦因的考察活动提供了极大的方便与成功的保障。

蒋孝琬对斯坦因的效力，不仅仅表现在他的才智方面，就是在一路上的考察发掘中，蒋氏也是出力最多的，有时形同于苦力。

蒋氏在斯坦因第二次探险中贡献最大的地方，就是在敦煌莫高窟与王道士的周旋，并最终成功地说服王道士，使得斯坦因满载而归。蒋孝琬是斯坦因首次在敦煌莫高窟从王道士手中骗取大量藏经洞文物的关键人物，甚至可以说，如果没有蒋孝琬就极有可能使斯坦因不会成功，也就极有可能使藏经洞文物勉遭劫掠之命运。因此回顾一下蒋师爷是如何一心一意为斯坦因效犬马之劳，一味地、毫无民族同情心地帮助一个外国人盗劫自己国家的宝藏，却没有丝毫的不好意思。更让人不可理解的是蒋氏对中国文化有很深的了解，作为一个读了一生四书五经的中国传统知识分子，加上又在官府做过事，因此应该对祖国和本民族的文物古董的价值意义不会不知道。而正就是这样一个人全心全意帮斯坦因一路上盗窃，从出苦力到文物鉴别、识读、材料整理分类，及运输一一操办。分析真正的原因恐怕不外乎有以下几点吧：

一是作为一个传统的知识分子，他本人对文物古董的兴趣爱好，正好借助斯坦因的活动满足了他的这一愿望，因此斯坦因也曾分给他极小部分战利品。

其二，很有可能是他自己当时已不在官府做事，闲居在家，好不容易找了个差事，何况斯坦因也出钱给他，又是给有钱的洋人办事，多少有些媚俗，崇洋媚外的感觉。或者说是蒋氏被斯坦因所持的清政府颁发的护照所产生的心理的作用，以为斯坦因一定是一个什么了不起的大人物。

其三，很有可能当时斯坦因给他什么重要的承诺，或者说他们二人之间有很重要的秘密，也就只有他们二人知道了。

蒋孝琬最为“成功”之处就是对王道士的工作，这也是他最终成为斯坦因笔下最为尊重人物的原因。只要仔细看一下他们在敦煌莫高窟与王道士的交涉，就可以知道蒋氏对斯坦因的忠心，也可以知道蒋氏对出卖祖国文物的不遗余力。

1900年5月，斯坦因已经开始进行丝绸之路上的三次考古搜索的第一次行程。第一次探险斯坦因大获全胜。从20世纪第一年的圣诞节前后到次年的4月，斯坦因活动在丹乌里克、尼雅、安迪尔、拉瓦克这些地方，搜罗了大量中国古代文物。

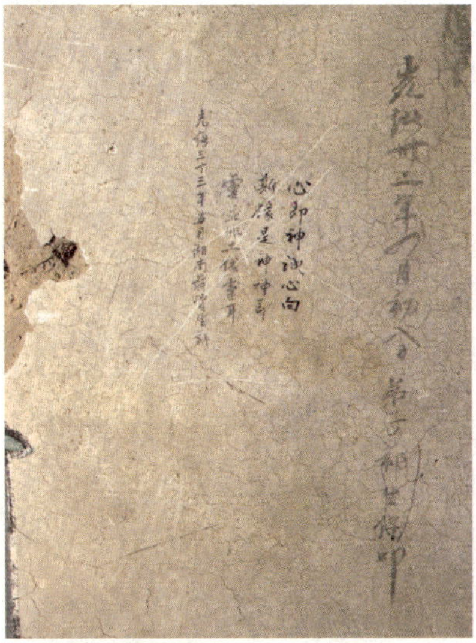
蒋师爷在洞窟中的题词

1907年，斯坦因再次踏上征途，目标是楼兰。但实际上为他成名提供机会的，却不是这次的目标楼兰，而是敦煌。斯坦因深深为自己不懂汉语苦恼着，他决定聘请一位中文秘书。在喀什，一个偶然的机会，斯坦因听说了一种叫“师爷”的职业，这种人深谙中国官场的内幕，并且对各种行政事务异常干练，又熟悉中国传统文化，是典型的中国知识分子。斯坦因决定聘请一位这样的中国师爷。事有碰巧，喀什正好有一位蒋姓师爷旅居于此。

他们一行来到敦煌之后，在起初和王道士打交道的过程中，并不是十分顺利，因为王道士心存疑心，加上官府也早已有了命令，不让王道士出卖藏经洞文物，要他看管好。斯坦因由于语言的障碍，也加上面孔的不一样，根本无法与王道士交涉。最后这一工作全由蒋孝琬一人全权处理。等到他们最后达成协议，王道士同意他们查阅卷子，并一一为他们搬运。特别不可思议的是，24箱写本与5箱佛画的价值竟是斯坦因付给王道士仅几十个马蹄银，几乎是白送。要知道王道士早在此前已不断拿卷子写本与佛画送给官员和当地士绅，也出卖了不少，得到了不少的好处，他是一定知道藏经洞宝物的价值，否则何至于如此认真用心管理，起初根本不让斯坦因他们连看一眼都不可能呢！王道士之所以如此答应了斯坦因的要求，虽然斯坦因自己也编出了玄奘的故事，但是仔细想想不大可能，或不完全可信。作为一个近似于文盲的王道士，在金钱面前恐怕玄奘没什么用处，其实玄奘故事的出演，也不外是蒋氏的阴谋与一手策划。最大的可能性还是在于蒋师爷的辛苦的努力，首先他一定是为了达到目的，不惜一切手段，和王道士展开了没完没了的谈判工作，加上他俩一是湖南一是湖北，完全可以说是个老乡，王道士早年流浪在外，能在这里见到家乡人，何等地开心。蒋孝琬又有比王道士来讲完全可以说是辉煌的过去，足以向王道士吹嘘半天。此外蒋氏又在当时的官府做过事，他们已经和敦煌当地的包括县长在内的要员均有会面，因此完全可以借此向王道士施压，让王道士没有后顾之忧。因此最后王道士完全被蒋氏所控制，也信任了蒋氏之言。

1913年，斯坦因第二次中亚探险进入新疆，蒋氏因病未能陪同，推荐一李姓师爷与斯坦因同行。1915年斯坦因携窃取的570余卷敦煌写本带回疏勒，蒋氏为之整理，后来马伯乐的编目考释工作多得益于他的初步整理。后卒于任所。

总之蒋孝琬是一个复杂的历史人物，在敦煌藏经洞和中国西北文物外流过程中扮演了极不光彩的角色。

斯坦因劫宝自记

涉足敦煌与藏经洞的西方探险家人数并不少，主要有英国人斯坦因、法国人伯希和、日本大谷探险队的橘瑞超与吉川小一郎、俄国鄂登堡探险队、美国人华尔纳等人，在他们之中唯独斯坦因在后来的著作中详细介绍了他当时在敦煌如何与王道士周旋，怎样施用欺骗的手段最终获胜的经过，丝毫没有保留，十分得意地一次次告诉读者他在敦煌盗宝与行骗的每一个细节。其他的几位就不像斯坦因如此诚实，基本没有提到如何与王道士谈判与交易的过程，甚至于如伯希和者，虽然取得了进洞一一翻检的自由，却一字不提王道士的情况，更不交代与王道士交易之事。其他各位也都有丰富的收获，却很少有详细交代他们在敦煌与莫高窟的活动，更是省去了大量文物来源的方式与途径。不过幸好有斯坦因这样的大胆者和不顾面子的人；或者说斯坦因更接近于一位探险者，忠实地为读者一一详细介绍自己的一切活动。正因为如此，我们今天可以更多地了解王道士、了解藏经洞发现之初的情况、了解斯坦因与王道士之间进行的一切活动。否则如伯希和者，虽然不遗余力地拿走了藏经洞的精华，却只字不提与自己不利的事情，有意掩盖了历史，为后人留下永远也无法解开的谜，是做历史工作者的大忌。

在斯坦因著《西域考古记》，音译作《塞林迪亚》(Serindia，中文版《西域考古图记》)一书中的第二卷十四至二十五章就是记录在敦煌的活动，及其骗取藏经洞宝藏的详细细节。

我们就其中斯坦因在莫高窟（千佛洞）盗宝的自传性的记录略作整理，就主要情节缩略交代一下，以明白藏经洞文物是被真正盗骗的事实，连斯坦因自己都承认是用非正当手段与非正常程序所获。我们借助中译本斯坦因在《西域考古图记》中自己的记载（另有中译本《发现藏经洞》），真实客观地了解一下斯坦因在莫高窟盗宝的前前后后。

斯坦因

斯坦因第一次于1907年3月到千佛洞时，王道士正好同他的两个助手外出化缘去了。如果这时候将他们的计划付诸实施显然是不明智的。幸好留下来看守的那个年轻的唐古忒和尚知道一些情况，蒋师爷没费多大劲就从他嘴里套出了一些有关于藏经洞的内情。由于王道士不在，他们无从得到更多的关于藏经洞的情况。但还是抽出时间对藏经洞所在的地点作了观

王道士与西游记壁画

察。年轻和尚的师傅是一个西藏来的僧人，当时也出去化缘了，曾借得一个卷子，放在他的陋室里，以添得些风光。蒋师爷说服这个年轻和尚将他师傅处的那个卷子拿来看看。这是一个保存很好的卷本，纸是淡黄色的，看上去很新，也很坚韧。斯坦因与蒋师爷一眼就看出了这份卷子的价值，更加深了他们要彻底考察藏经洞的决心。因此有一大批古代写卷等待着去被发现的念头，像一块巨大的磁石一样吸引着斯坦因重返千佛洞。

5月21日，斯坦因在长城一带考古返回千佛洞，准备实施早已拟好的计划。当时除了王道士、他的两个助手（小道士）以及一个身份卑贱的西藏喇嘛以外，整个遗址别无他人，一片荒凉。为了避免与王道士待在一起的时间过长，发生变故，第二天一早斯坦因就开始对几个主要的洞窟进行考察，并对一些较为重要的壁画进行拍照，以此来掩饰他们此行的主要目的。当斯坦因来到藏经洞所在的“三层楼”底层一窟时，瞟了一眼藏经洞的入口，那里就是发现大批藏经的地方，经卷至今还封存在里面。藏经洞正好位于王道士改造的那个洞窟的旁边。藏经洞密室的入口比走廊的地面要高出5英尺，此时窄小的密室入口已被砖墙堵住，仿佛就是为了故意防止斯坦因一行的。

王道士住在另一个稍加整修过的洞窟里，为了交易，斯坦因由于是洋人，又不大懂汉语，便特地派蒋师爷到王道士的住处进行交涉。尽管蒋师爷费尽心机，谈判的进展还是非常缓慢。后来答应给王道士修缮庙宇进行捐助以后，事情有些小进展。但是，由于对斯坦因一行心存疑忌，王道士始终不答应让看一下全部经卷保存状况的请求。其间几次都险些使交易告吹。

斯坦因从蒋师爷的报告中感觉到，王道士的古怪性格将是实现他的伟大计划的最大障碍。用金钱来收买显然不是唯一可行的办法，这会伤害他的宗教感情，或使他担心众怒难犯。于是斯坦因心生一计，觉得最好是先了解一下王道士的为人，便在蒋师爷的陪同下郑重地登门拜访王道士，请求让参观一下王道士所修复的庙宇。这是自从王道士8年前来到敦煌的主要任务和精神支柱，所以欣然接受。于是斯坦因被领过洞窟的前廊和高大的砖木结构殿堂，这里的建筑雕梁画栋、溢彩流光，斯坦因用预先想好的词语对他们进行恭维，并为王道士特意留影纪念（就是我们常见的王道士的照片）。当他们穿过藏经洞前的过道时，斯坦因虽然过分激动，但是他并没有直接去问藏经洞里有些什么，而是投其所好去询问王道士是如何整修这个洞窟的，他曾虔诚地干着这项工作，这样做更能博得好感。

王道士在中国传统文化方面的无知很快就被蒋师爷摸清了底细，因此像与一些有学识的中国官员交往时的方法对王道士而言行不通，觉得没有必要去给他谈论考古学的价值、去给他谈论利用第一手的材料进行史学和考古学研究的意义等。而是王道士的宗教情感，斯坦因发现王道士喜欢并崇拜玄奘。于是，在周围满是佛教神

斯坦因拍摄到的藏经洞藏品最初包装

像的氛围里，斯坦因开始向王道士谈起自己对玄奘的崇拜：说自己是如何沿着玄奘的足迹穿越人迹罕至的山岭和沙漠的，又是如何去追寻玄奘曾经到达和描述过的圣迹的，等等。一旁还有蒋师爷适时地补充，所以他们总是能把所知的有关玄奘的可靠记载和在印度到中国漫长旅途的风土人情描述得细致入微。王道士尽管对佛教知之甚少，但却对唐僧顶礼膜拜。斯坦因渐渐和王道士有了共同话题，于是王道士带着斯坦因走到大殿前面的凉廊上，炫耀那些描绘玄奘西行景色的壁画，这些画像都是他请一个当地的画工画到墙上的。壁画上描绘的奇异的传说，正好是那些把唐僧神化了的内容。非常巧合的是，其中有一幅画面的寓意所描述的情形与斯坦因当时的处境正相类似。画面上，玄奘站在一处急流前，旁边是他的忠实的坐骑，满载着经卷。一只巨大的乌龟正向他游过来，准备驮他度过这一“劫”。显然这里所描绘的正是这位朝圣者满载着20捆佛经准备从印度返回中国时的情形。摆在他前面的困难将是需要跨越千山万水。便暗示给王道士斯坦因自己的身份处境同玄奘一样，王道士大为惊慌。

虽然相处越来越愉快，但当时马上就要求进入藏经洞显然是不太妥当的。所以留下蒋师爷向王道士催要他曾许诺的卷子。到了深夜，蒋师爷悄悄地、却又不无得意地抱着一小束经卷来见斯坦因。这是王道士许诺给他们的第一批卷子，刚刚将这批卷子送给蒋师爷，是偷偷地藏在他黑色外袍里带过去的。第二天一早，蒋师爷面带着一股兴奋和胜利的神情过来告诉斯坦因，这些经卷是玄奘从印度带回并翻译出来的汉文佛经。在经卷边页上竟还有玄奘的名字，令他惊叹不已。显然这些经卷是玄奘早年翻译出来的。而蒋师爷则立刻意识到可以充分利用这一点，利用玄奘来影响心中尚存猜忌的王道士。于是，他马上过去将这一消息告诉了王道士，声称这是唐僧的在天之灵在催促他向我们展示密室里的藏经。他们二人密谋了一下，蒋师爷一反通常遇事迟疑不决的常态，以一种半近乎迷信的口吻对王道士说，正是唐僧的在天之灵将这些密室藏经托付给对佛经一无所知的王道士，以等候斯坦因——一位从印度来的唐僧的崇拜者和忠实信徒的来临。这一招果然发挥了作用，几个小时以后，王道士拆除堵在密室入口的砖墙。斯坦因再也按捺不住了，在蒋师爷的陪同下来到藏经洞前，在那里见到了王道士，他显然还有点紧张和不安。在神灵的启示下，他才鼓起勇气打开了位于通道北面墙上的密室门。

斯坦因第一次进洞看到他做梦都要见到的东西，但出于小心，并没有马上建议将所有经卷从密室里搬到殿堂里以便阅读翻检，担心这样做会于事无益，甚至于有点鲁莽，因为王道士仍在担心他从施主们那里辛辛苦苦换来的好名声会受到玷污，他害怕对他不利的流言蜚语在敦煌地区流传开来。尽管当时那里是朝圣活动的淡季，但谁也保不准什么时候会有一个香客突如其来地造访千佛洞，如果让香客在这个圣地吃上闭门羹，对王道士而言将是大大的不利。

斯坦因所关注的是能从这里拿走多少藏经。令人奇怪的是，王道士竟然对这些无价之宝毫不可惜。当斯坦因从手头那些纷杂的藏品中挑出一些丝画（帛画）、布画和文书时，他居然没有提出任何反对的意见。斯坦因甚至产生了要将所有的藏品带走的想法。不过，这一要求显然有点过分了。于是，极力克制住自己的欲望，将挑剩的那部分还给王道士，以便腾出地方让他拿出更多的藏品来供选择。这一招果然奏效，使王道士确信了这些艺术遗产没有什么价值。为了把斯坦因的注意力从他所认为的最有价值的汉文经卷上引开，王道士开始不惜余力地将他归入垃圾的那些藏品一抽一捆地抱了出来。这真使得斯坦因感到欢欣鼓舞，因为这些新抱出来的文书残片中，尽管汉文文书残片还是占多数，但也可以发现很多有价值的绘画作品、印制的文书、帛画、草体的梵文文书以及一些非宗教内容的文书等。所以，第一天斯坦因和蒋师爷忙碌了整整一天，中间甚至没有休息过，一直干到夜幕笼罩了整个洞窟才停止工作。

《西域考古图记》书影

接下来斯坦因不断地诱导王道士，不让他感到心神不宁，不让他担心会有施主们的流言蜚语。蒋师爷的不烂之舌和斯坦因一再的表白自己对佛教和玄奘的崇拜发挥了作用。看得出来，尽管在经卷堆上来回爬动和运送经卷使王道士显得有些累了，但他脸上猜疑的表情，还是被一丝平静甚至是自豪的表情所掩盖，因为斯坦因对王道士所认为的毫无价值的东西竟然表示了欣赏。事前，斯坦因曾许诺要捐献一大笔钱给他作修缮庙宇之用，以补偿翻检藏经给他所带来的不便和可能对他带来的风险。

又一天晚上，终于有一大堆写卷和绘画被挑出来包好放在“书房”的一边，留待运走。但是对王道士是否敢冒着风险让他们将这批藏品运走，或者会不会被王道士识破真实意图，斯坦因心里还是感到没底。直接跟他谈一笔私下交易将这批藏品买走或偷偷运走在当时看来也是可行的。当有一天斯坦因在忙碌了一整天离开王道士的那个洞窟时，借机会与王道士就共同崇拜的偶像作了一次长谈，斯坦因声称是玄奘的在天之灵让他很荣幸地来取得这批数目巨大的藏经和其他圣物，这些藏品有些可能与他到印度朝圣的活动有关，而这些藏品又是由他的另一个崇拜者（指王道士）保存着。当他们站在绘有唐僧西行取经图的甬道里时，斯坦因特意将他的注意力引向那幅唐僧牵着满载经书的坐骑从印度返回的场景，这是一个最好不过的规劝，让王道士同意将这些由他发现、现仍藏在密室中的经卷带走供西方学者进行研究的请求。

之后斯坦因出于谨慎考虑，留下蒋师爷与王道士进行周旋。蒋师爷的鼓动如簧之舌，力图说服王道士，称玄奘让他发现了这批佛教经典和圣物，其目的并不是要将它们继续深藏在密室里。由于王道士本人不能胜任对这批经卷进行研究的重任，所以应该将它们交由印度或西方研究佛教的学者来进行研究，这也是一件积德积善的事。作为交换，他还将获得一笔捐赠，用于资助洞窟庙宇的修缮，从一开始斯坦因就非常谨慎地提出这项捐赠，它自始至终吸引着王道士。同时斯坦因还无条件地捐赠了一件银器。王道士既担心他的圣洁的名声因此而受到玷污，同时又不愿放弃一次为他修缮庙宇洞窟提供捐赠的好机会，这对他衷心珍爱的功德事业很有利，但必须以付出他所认为的无用的那些古董为代价。看得出来，王道士一直都在上述两种选择之间犹犹豫豫，举棋不定。

为了达到目的，必须想出一个万全之策将这批挑选出来的写卷和绘画弄到手，蒋师爷为斯坦因承担起了这一伟大任务。事实证明，师爷没有辜负斯坦因的期望。有一天将近子夜，斯坦因正准备上床休息，蒋师爷轻手轻脚地走了过来，在确信帐篷周围没有他人以后，返身抱回了一大捆卷子。斯坦因看了看，正是他们所挑选的那些经卷，心中不由大喜。王道士终于答应了他们的请求，但有一个明确的协定：此事只能他们三人知道；在斯坦因离开中国国土以前，对这批东西的出土地点必须守口如瓶。当时，他害怕自己被人发现不在他自己的住处，所以运送这批经卷的任务便只能由蒋师爷一个人独自承担了。他运送了7个（多）晚上，一捆一捆，越来越重，直至要用马车来装。

就这样，斯坦因从王道士手中骗取了总共二十几箱的经卷写本与绘画品，离开了敦煌。为此他受到英国人的欢迎与尊敬，加入了他梦寐以求的英联邦国籍，获得了英国女王为他颁发的奖章，他也为此四处讲学宣扬，一再地著书自得。但是我们综观他的行为，完全是一个骗子的伎俩与手段，当然这一点也无法否定斯坦因作为一位伟大的探险家的桂冠。

劫宝的汉学家法国人伯希和

伯希和（PaulPelliot，1878—1945），法国人。1878年出生于巴黎，商人家庭。早年在法国政治科学学院、东方语言学院等处学习，1899年往越南河内学习并供职于印度支那考古学调查会，即法兰西远东学院，曾数次奉命前往中国，为该学院购买中国古籍。

法国汉学家伯希和(Paul Pelliot)

1900年伯希和被学院派到北京收集文物与图书。其间正是义和团运动强烈排外时期，一次法国驻北京的公使馆被义和团所围攻，正准备纵火焚烧，许多法国人隐藏于一墙壁后准备还击，而伯希和则不顾个人安危，挺身而出，开始对公馆外的义和团士兵喊话，团兵们也许是被他一下子唬住了，也许是出于对他英勇行为的敬佩，没有放火而主动撤离。由于伯希和所表现出的英勇精神，所以荣获法国勋章。同时在八国联军侵入北京的混乱时期，

TOUEN-HOUANG—Grotte 163. Niche aux manuscrits.
Dunhuang—Grotto 163. Niche with manuscripts
敦煌—第163号窟，留有手迹的佛龛

伯希和在藏经洞内挑选写本

他也利用这一时机在北京骗购了不少的文物和书籍。之后他又在中国以各种方式得到了为数不少的各类文物，如青铜器、景泰蓝以及汉文、藏文、蒙文的典籍珍本，还有大量的绘画品，这些中国宝藏分藏在法国巴黎国家图书馆与卢浮宫等地。

伯希和由于在汉学方面的天才表现和特殊贡献，1901年受聘为法兰西远东学院教授，时仅22岁。当时他已经在诸如印度支那及东南亚历史地理、汉籍目录版本、中国的外来宗教和异教派、中国佛教起源及与道教的关系等各领域均有一定的造诣。

1904年伯希和回到法国，不久又返回河内。这一时期在中亚和中国西北地区，沿丝路古道，欧洲和俄罗斯的“考察家”、“探险家”等已经展开了大量的考察、探险与盗窃文物的活动，并且都先后取得了惊人的发现与成绩。对此法国的中国学研究者分外眼红，也不甘落后，于是准备组织自己的考察活动。翌年，由“中亚与远东历史、考古、语言及人种学考察国际协会”法国分会会长塞纳（EmileSenart）委任伯希和为法国中亚探险队队长，与测量师瓦扬（LouisVaillant）和摄影师努埃特（CharlesNouette）一起，组成考察团。

1906年6月15日，伯希和考察团离开巴黎，乘火车经俄罗斯进入我国新疆的喀什，然后他们分别考察了库车的多处石窟寺，后由库车至乌鲁木齐，最初只是在此做准备工作，然后的计划是前往敦煌拍摄洞窟，最初并没有听说有藏经洞之事。但是一个偶然的因素和机会，伯希和知道了敦煌藏经洞的事情。伯希和在乌鲁木齐遇到了被流放到此的一位清朝官员，伯希和在北京时认识他，当时他们关系并不好，而且在义和团运动中相互为敌。但是流放生活的磨难，加上伯希和也是为了疏通关系，二人在此相遇分外亲切，宿怨也早已冰释，并借酒合好。席间伯希和从这位老兄口中知道了敦煌藏经洞的确切消息，同时还从其手中亲眼看见了藏经洞发现的唐人手稿。

这一消息对具有深厚汉学知识功底的伯希和无疑是一个了不起的信息，他大为惊喜，于是当即决定放弃考察吐鲁番的计划，直奔敦煌而来，一路不停，星夜兼程，生怕中间有什么意外，使他错过这么好的机会。1908年2月12日，伯希和一行来到莫高窟，这时藏经洞的门紧锁着，王道士不在莫高窟。伯希和并不想就此等待，浪费时间，便开始了对所有洞窟进行编号、测量、拍照和抄录各种文字题记，基本上将大部分洞窟均作了详细的文字记录，同时拍摄了大量的照片，这是有史以来莫高窟第一次全面而详细地考察活动，也是第一次大规模拍照——这一工作由努埃特负责进行。伯希和自己则对洞窟内容和题记等文字资料进行记录，后分别以《伯希和敦煌石窟图录》与《伯希和敦煌石窟笔记》为名多卷本出版，成了今天研究敦煌石窟的重要资料，由于好多资料在今天已经不清或不存，因此伯希和的资料也成了不可多得的资料。

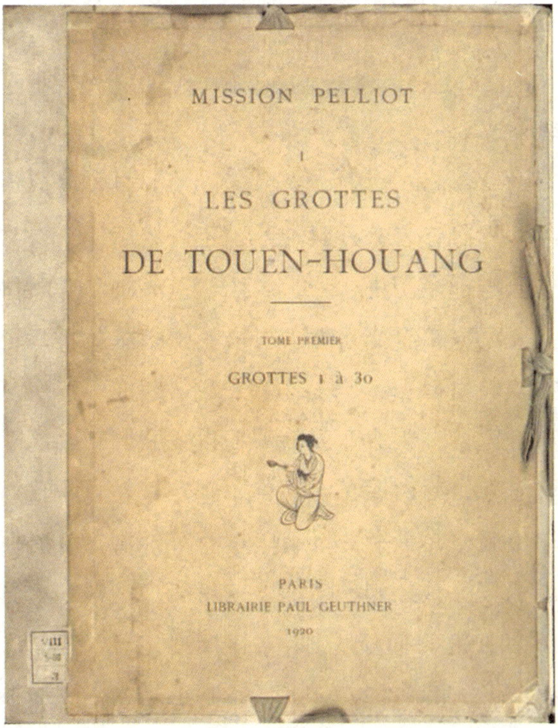

伯希和敦煌石窟图录书影

另一方面伯希和便和王道士进行交涉，伯希和流利的汉语很快就博得了王道士的好感，而且，王道士从谈话中得知，伯希和并不知道他把一大批写本出卖给斯坦因的事，所以对这些洋人的坚守诺言感到满意。伯希和同样使用了金钱诱惑的办法，答应给王道士一笔香火钱。经过20多天的交涉，在3月3日，伯希和就被引进藏经洞，而且还允许他在洞中挑选。这是外国人继斯坦因之后第二次走进藏经洞者，不同的是斯坦因盗宝的工作是在藏经洞外进行的，斯坦因的工作也是由王道士和蒋孝琬协助完成的，有一定的被动性，因为是先由此二人抱出洞窟再给他看。而伯希和则完全不同，自己进入洞窟，置身其中，点着蜡烛，自由自在地一卷卷详细过目。如果说斯坦因破坏了藏经洞藏经的原始面貌，那么到伯希和时则就是面目全非了，所以直到现在我们仍无法知道藏经洞藏经的原始真实面貌，为真正地理解和解释藏经洞造成了极大的困难。

面对着这数万件珍贵文献，伯希和在惊呆之余，立刻盘算了一番，然后下决心把它们全部翻阅一遍。在以后的三个星期中，伯希和在藏经洞中，借助昏暗的烛光，以每天一千卷的速度，翻捡着每一件写本，并把它们分成两堆，一堆是最有价值的文献。他给自己订立了几条挑选标准，即：一是要标有年代的，二是要大藏经之外的各种文献，三是要汉文之外的各种民族文字材料，这堆写本是不惜一切代价

伯希和拍摄的莫高窟一景

都要得到的。另外一堆则是必要时可以舍弃的写卷。伯希和凭借自己丰富的汉学知识，以及熟悉多种语言的天才优势，加上伯希和精力过人，在藏经洞20多天时间里，他基本上是以每天千卷的速度查阅，对藏经洞所剩全部写本、绘画等挑选了一遍。

伯希和挑选完毕，向王道士提出想全部得到的要求，王道士当然还没有这样的胆量，结果，伯希和以500两银子，换得了藏经洞写本的精华，它们的数量虽然没有斯坦因盗取的多，但质量最高，说不清有多少件是无价之宝。王道士答应出购的另一个条件是要伯希和一行严守秘密，他们的谈判也是在极其秘密的情况下进行的。最后伯希和在得到他所要的东西之后，就让努埃特带着文物的箱子通过海运回国，而他自己则带了一箱子手稿前往北京。沿河西走廊进入中原，最后在10月5日到达北京，采购图书。狡猾的伯希和知道写本尚在途中，这次来京，对在莫高窟得到写本的事守口如瓶。

同年12月，伯希和回到河内的远东学院。1909年5月，伯希和又受法国国立图书馆委托，从河内出发，经南京、天津，到北京购买汉籍。这时，从藏经洞劫得的大批文献已安全运抵巴黎，入藏法国国立图书馆。伯希和于是随身携带一些敦煌珍本，如《尚书释文》、《沙州图经》、《慧超往五天竺国传》等，来到北京，出示给北京的中国学者，目的是讨好他们，以取得在收购珍本汉籍时的帮助。6月初，伯希和先到南京，拜会了即将调任直隶总督兼北洋大臣的两江总督端方，并且在端方所获吐鲁番出土《且渠安周造寺碑》上题了字。大概由于端方的介绍，这位年仅三十出头的西洋学者，受到了京师一批硕学鸿儒的盛情接待。

日本大谷探险队

大谷探险队即日本大谷光瑞派遣的三次中亚探险队。

大谷光瑞伯爵是日本西本愿寺法主，在已经提及的各国考察探险队伍中，也只有一衣带水的日本的这一支是佛教徒，他们在财政方面的基础则是近一千万日本信徒施舍的财物，因此大谷探险队的活动近似于私人性质，而不像其他各支均是由政

大谷光瑞

府机构资助。大谷光瑞是京都西本愿寺第21任大谷光尊的长子，是西本愿寺第22代宗主。1900年被派往欧洲考察宗教，见到斯文赫定、斯坦因、伯希和等人中亚探险的成果，决定利用回途往中亚探险，从而揭开了日本考察中国西北的序幕。

第一次探险（1902－1904）由大谷光瑞率领随行人员渡边哲信、堀贤雄、本多惠隆、井上弘圆等人，自伦敦出发，经撒马尔罕、浩罕，进入喀什噶尔。途中大谷光瑞获悉父亲去世的消息，急忙赶回国。另外两名队员渡边哲信和堀贤雄前往和田、库车、吐鲁番等地考察，经西安回国。

第二次探险（1908—1909）大谷光瑞派橘瑞超和野村荣三郎二人前往，主要是

吉川小一郎与安西县长、电报局长合影

吉川在莫高窟的题名

吐鲁番、楼兰、库车等地。这次考察活动是收获最大的一次，《新西域记》有详细记录。在吐鲁番与楼兰有重大发现，著名的《李柏文书》就是在这次考察中发现于楼兰的。其间还得到斯文·赫定在日本提供的考察信息的帮助。

第三次探险（1910—1912、1911—1914）是在前两次的基础上进行的，首先派橘瑞超随大谷光瑞游览了欧洲各国，先后会见了斯坦因、斯文·赫定、伯希和、勒柯克等著名的西域中亚探险家，从他们那里得到了各种有关中亚、西域的最新情况和知识，为以后的考察活动作充分准备。

1910年8月橘瑞超从伦敦前往吐鲁番、楼兰、和田等地发掘，1911年中国国内爆发了辛亥革命，形势发生较大的变化。大谷光瑞也长时间没有得到橘瑞超的消息了，很是着急，便决定于同年派吉川小一郎前往寻找，吉川经上海、武汉、兰州，于1911年10月5日到达敦煌，首先拍摄了洞窟。在敦煌期间，吉川一方面派人，并向新疆各地打电报寻找橘瑞超，一方面又在敦煌进行盗宝活动，在敦煌先后得到了一些写经、文书并骗取了几尊彩塑。

此时橘瑞超也正由新疆的若羌装扮成维吾尔人向敦煌进发，在路上碰到了一位从敦煌回来的维吾尔族人，知道了一个日本人在敦煌正在寻找另一个在罗布泊一带的日本人的消息，并带有书信，橘瑞超看到信后知道正是吉川小一郎在敦煌找他的消息。于是橘瑞超便急忙向敦煌赶去，于1912年1月26日到达敦煌，与在那里的吉川会合。在敦煌他们分别从王道士及其他人那里买到一些敦煌写本。两人在敦煌活动了一些时间，由于此时藏经洞早已是一个空洞，加上大谷光瑞又一再要他们回国，同时他们二人的工作作风与习惯、个性等均不是十分合拍，因此分道行动。吉川前往吐鲁番，橘瑞超前往安西。在安西橘瑞超又收到国内的电报，要求他马上中止活动回国，于是他只好回头，赶上吉川一起经哈密到吐鲁番，吉川决定在吐鲁番继续发掘，橘瑞超则前往乌鲁木齐，取道西伯利亚回国。吉川则继续在吐鲁番工作，到1913年2月离开吐鲁番，经焉耆到库车，调查了库木吐拉、苏巴什等地后，又西进喀什，南下和阗，北上伊犁，最后东返乌鲁木齐，经吐鲁番、哈密、敦煌、酒泉等地，于1914年5月至北京后回国，从而结束了日本大谷光瑞三次的中国西北考察活动。

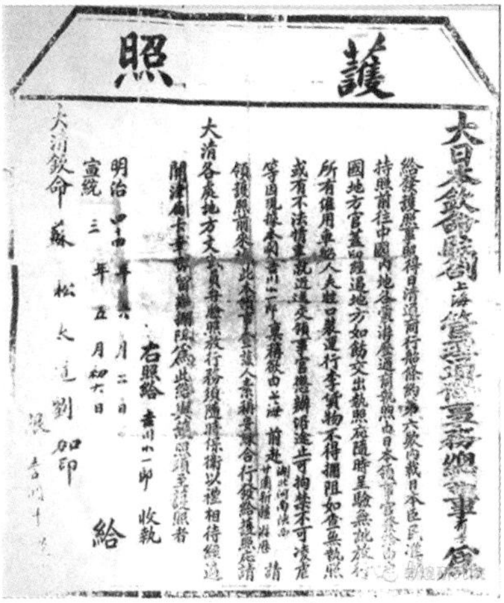
護照

右照給 吉川小一郎 收執

明治四十四年 月 日
宣統三年五月初六日

給

大谷探险队的护照

日本大谷探险队的三次中亚考察活动，与其他各国如斯文·赫定、斯坦因、伯希和、俄登堡等考察团不同，大谷探险队的人员构成本身不是学者，对考古学一窍不通，而且他们考察的范围也过于广泛，他们所发掘的东西由于没有很好地记录，也不是科学发掘所得，很大程度上是以盗宝式为目的进行的，因此资料意义

橘瑞超与敦煌房东合影

与价值大大降低，对古迹古物造成了严重的破坏。

三次大谷探险队的收集品主要存放在神户郊外大谷光瑞的别墅二乐庄，部分寄存在帝国京都博物馆（后改称京都帝室博物馆、恩赐京都博物馆，今为京都国立博物馆）。1912年11月曾在二乐庄举办收集品展览。1915年将所得精品，影印刊布在《西域考古图谱》中。1914年大谷光瑞辞掉宗主职位，大谷收集品随之分散，一部分随二乐庄卖给久原房之助，久原将这批收集品寄赠给朝鲜总督府博物馆，今藏汉城国立中央博物馆。寄存在京都博物馆的部分，现入藏东京国立博物馆。大部分收集品在1915年至1916年之间运到旅顺，后寄存关东厅博物馆（今旅顺博物馆），曾编有简目，与探险队员的部分日记一起，发表在《新西域记》中。此外，又有大量收集品运回日本京都。1948年大谷光瑞去世后，在西本愿寺发现从大连运回的两个装有收集品的木箱，后捐赠龙谷大学图书馆。留在旅顺的部分大多仍保存在旅顺博物馆。其中敦煌写本600余件，于1954年调到中国国家图书馆保存。

俄国鄂登堡考察团有组织地盗掠

20世纪初以中国西北为中心的考察探险活动，成为西方的热潮，因此当瑞典人斯文·赫定、英国人斯坦因、法国人伯希和、日本大谷探险队在中国西北活动时，俄国人也分外眼红，积极筹备，准备前来分食。

其实俄国人到藏经洞比英国的斯坦因还要早一步，1903年奥勃鲁切夫从王道士手里“买”走了两包写本，代价是六包劣质的石蜡——西班牙人刚刚登上新大陆时，他们送上的见面礼是劣质的玻璃珠子，土著酋长对这样的东西爱不释手、惊叹不已，西班牙人就用这样的东西骗走了他们垂涎觊觎的黄金珍宝。这两段惊人相似的历史，都是贪婪与愚昧之间的交易，

鄂登堡

奥登堡考察队在莫高窟装箱文物

但悲剧又不是这两个简单的人性品质所能包容涵盖的。敦煌的壁画，云冈、龙门的石雕都曾遭盗。西安唐太宗昭陵的陪葬墓壁画，发掘揭取后资料尚未公开就已失窃。宁夏的西夏佛塔，因强人盗发地宫，而在炸药点燃的瞬间轰然倒塌。就在几年前，中国现存最早的木构佛寺建筑、五台山南禅寺的珍贵唐塑还经历了遭盗的恶性事件。至于其他盗卖倒卖、致使中华民族的文化遗珍流失海外的事件，难道还少吗？莫高窟藏经洞发现的时间距离八国联军攻破清朝的帝都不到一个月，这场大劫难的发生给人一种类似“覆巢之下、安有完卵”的喟叹。

当时西方列强在中国西北的探险有很大的竞争成分，那种掠夺性的发掘发现和对文物的攫取需要分秒必争，需要抢在别人前面。德国人勒柯克（AlbertvonLeCoq）当时也获知了敦煌藏经洞的消息，却因故未能及时前往，他因此抱憾终生。

鄂登堡(1863—1934)，俄国探险家。又译奥登堡。生于后贝加尔州。1885年彼得堡大学东方语言系梵文波斯文专业毕业，获得博士学位，留校任教。1894年通过博士论文答辩。1900年为俄国科学院研究员。1903年被选为科学院通讯院士。1908

年被选为院士。1903年创建俄国中亚研究委员会，以后又组织几次中亚考察队。1904年起任科学院常任秘书，1916年任亚洲博物馆馆长，1917年又在克伦斯基的临时政府中当过教育部长。

鄂登堡对中国西北的考察活动是在所谓的“俄国委员会”的主持下进行的，该组织是研究中亚及东亚的俄国委员会的简称。而其中扮演最重要也是最不光彩角色的是俄国驻喀什领事馆，这也是一个当时为各国探险家和考察团服务的中间机构，该组织也向俄国及各国提供中国新疆各地的文物消息，并直接参与盗劫活动，得到过数以千计的宝物，他们与当地的文物贩子相互勾结。“俄国委员会”的成立也与当时分别于1899年和1902年在罗马和汉堡举行的第十二届和第十三届国际东方学大会有密切关系，会上各国一致通过了“中亚和远东历史学、考古学、语言学和民族学研究国际协会”，鄂登堡就是俄国中心委员会。这两个组织是西方殖民政策侵略中国的幌子，主要是以盗劫中国西北广大地区的文物为目的。

鄂登堡是推动俄国进行中亚考察活动的主谋和积极推动者与身体力行者，先后

满载文物从莫高窟启程的奥登堡考察队

制订过几个计划和建议，均受到俄国政府的重视。1909年6月6日，以鄂登堡为队长的俄国考察团正式从圣彼得堡出发，其成员由画家兼摄影师杜丁、矿业工程师兼地形测绘员斯米尔诺夫、考古学家喀缅斯基、考古学家助手彼特连柯及后来雇用的翻译霍托，是一个专业性十分强的考察团，也是搭配最为合理的考察队，因此俄国人开始就表现出与众不同的特色，这为他们后来获取丰硕的成果提供了基本保障。此次主要是对喀什、吐鲁番、库车等地考察发掘，收获的文物和资料分存于艾尔米塔什博物馆和东方学研究所档案室。鄂登堡本人后来从事了详细的资料整理与研究工作，发表了一系列考察成果，因此获得协会的最高奖赏——一枚大金质奖章。

由于鄂登堡在这方面的突出贡献，加上他所独有的经验和知识，此时中国西北成了西方列强争夺的地方，鄂登堡看到一些探险考察活动对中国和中亚一带的破坏性后果，于是又建议委员会组织更大规模的考察活动。1914年5月沙俄的第二次考察团成立，成员有画家兼摄影师杜丁、矿业工程师兼地形测绘员斯米尔诺夫、画家宾肯贝格、民族学家罗姆贝格及十名辅助人员和一名中国翻译，以及在到达新疆塔城所雇用的7个哈萨克人，考察的地点是中国甘肃的敦煌石窟。

由于这次敦煌石窟考察的想法由来已久，加上经费的宽余和人员构成的合理与考察队伍的庞大，此次考察的目的是对敦煌石窟进行全面彻底的一次工作，为此考察团在离开之前做了充分准备，制订了详细的工作计划，包括绘制洞窟平面图、剖面图、崖面层次平面图，确定了摄影对象，准备了复描的想法，也对洞窟进行详细的文字记录，目的是以大型考古报告形式出版。

考察团是沿塔城、奇台、乌鲁木齐、吐鲁番、哈密到敦煌，最终是敦煌莫高窟。1914年8月20日他们到达千佛洞，然后按计划分工进行。在敦煌期间，他们详细研究了洞窟壁画与彩塑，认真进行了摄影、复描、绘画、测绘、考古清理、发掘和记录工作，可以说是首次对敦煌石窟的全面研究，就连同一直到现在仍很少有人注意的莫高窟北区石窟都做了考古清理，也第一次绘制了莫高窟南北二区的崖面平面图，工作

俄藏敦煌艺术品书影

量之大，收获之丰硕，工作态度之认真、详细，不得不让人惊叹。考察团的工作是在敦煌最为寒冷的冬天进行，工作一直进行到1915年初，当时世界形势发生了变化，第一次世界大战的爆发，及中国参战的消息使他们恐慌，不得不提前结束考察，于1915年1月26日起程回国。带走了千佛洞测绘的443个洞窟的平剖面图、拍摄了2000多张照片、剥走了一些壁画、拿走了几十身彩塑、复描了几百张绘画、记录了详细的资料，同时也带走了莫高窟南北二区洞窟中清理发掘出来的各类文物，加上在当地收购的文物，如各类绘画品、经卷文书等，装满了几大车，浩浩荡荡地离开了千佛洞。

如此大规模的考察活动，不知道当时的敦煌政府、敦煌老百姓、看守莫高窟的僧人和住在下寺三清宫的王道士师徒们在干什么，难道就没有一个出面阻挡一下吗？任洋人在自己的家门口为所欲为！

鄂登堡考察团回国后，他们的资料分成两部分：写卷移交亚洲博物馆，即今天的东方学研究所圣彼得堡分所；艺术品、地形测绘资料和民族学资料、考察记录和日记等存入俄国博物馆、民族学博物馆、地理学会等各博物馆，后全部收藏在艾尔米塔什博物馆东方部。现在藏于此博物馆的敦煌文献与艺术品等主要包括：雕塑、壁画、绢画、纸本画、麻布画以及丝织品等。其中幡画66件、绢画137件、纸本画43件、壁画14幅、彩塑28尊、织物58件、近2000张照片等。而藏于东方研究所圣彼得堡分所的佛经文书约有20000件。

俄国考察队从莫高窟洞窟剥走的壁画

由于俄罗斯在二战期间和其后历史的特殊性，这批文物，尤其是其中的绘画作品、材料一直很少透露，不过近年来有所改观。另外因为鄂登堡的工作日记一直密藏在苏联科学院档案库，所以鄂登堡如何搞到这么多藏经洞文献，至今仍然是一个谜。近年来由上海古籍出版社和俄罗斯有关方面合作，分别就俄罗斯所藏敦煌文献和敦煌艺术品进行出版，已基本全部发表，总共有《俄藏敦煌文献》17卷、《俄藏敦煌艺术品》5卷，是我们了解俄罗斯藏敦煌文物的宝贵资料，极为方便。另外有关鄂登堡等的日记也在翻译中，将是我们了解他们在敦煌活动的最好资料，也可以让我们知道他们是如何得到如此丰富的宝藏的。

真正的强盗——美国人华尔纳

一战前各国在中国西北的探险与考察活动盛行一时，由于战争而中断，使得中国西北暂时得以片刻的宁静，列强所划破的裂痕也得到自然的治疗，但是心灵深处的伤痛是要等到很久以后才更加疼痛。一战的硝烟刚过，因为战争而一跃成为西方列强大国的美国，虽然错过之前的中亚探险，此时再也坐不住了。于是1923年便由哈佛大学福格艺术博物馆的兰登·华尔纳和宾夕法尼亚博物馆的霍勒斯·杰福，再加上翻译员王秘书和四辆简陋的双轮马车，组成了第一次中国西北的美国远征队——哈佛大学考古调查团。

华尔纳(Langdon Warner)

华尔纳（LangdonWarner，1881—1955），美国探险家。1903年毕业于哈佛大学，之后成为拉斐尔·庞泼莱的地质学和考古远征队的成员，到过俄属中亚细亚。1906年留学日本，专攻佛教美术。1910年又在朝鲜和日本调查佛教美术。由于他在这方面的知识修养，1913年在哈佛大学第一次开设了东方艺术课程。华尔纳也曾前往伦敦、巴黎、柏林、圣彼得堡等地参观过斯坦因、伯希和、勒柯克、科兹洛夫等人盗取的中国西北的文物，并与一些当时从事西域美术而著名的中国美术专家和汉学家有过接触与交往，也读过他们的书，使他对中国西北产生了浓厚的兴趣，加上他的专业关系，以及他曾来中国北京商谈美国人在中国建立考古学校事宜，因此这一切促使他特别想到中国西北进行实地考察的愿望。而当时美国的一些博物馆也正在物色人物，准备前往中国西北从事古物搜集，当然华尔纳成了最佳人选。

1923年7月，华尔纳一行到达北京，找了一个叫王近仁的翻译，并由于政治原因得到直系军阀吴佩孚的支持，为他们在中国行动提供了极大的方便。考察团首先由北京到西安，然后才正式开始考察，第一个目的地是黑城遗址，即内蒙古额济纳旗，早在此前俄国人科兹洛夫已来过此地，并有大量的发掘，得到了大量十分珍贵的文物，包括在一个塔内发现的古写本图书馆。因此华尔纳的考察收获不大。于是前往敦煌，中途杰恩因为身体原因返回北京。1924年1月华尔纳到敦煌莫高窟之后，藏经洞中的宝藏早已被瓜分得一干二净，因此藏经洞与他没什么干系了，在经过参观考察之后决定进行壁画剥离和彩塑的搬迁，进行文物盗劫。为了顺利进行工作，华尔纳给了当时看守莫高窟的王道士一些礼物之后，王道士同意他揭取壁画，后来华尔纳又以70两银子的价钱从王道士处得到了328窟盛唐的精美彩塑供养菩萨

莫高窟第328窟彩塑一铺现状

莫高窟第323窟南壁被盗壁画遗痕

像一躯，现存哈佛大学福格美术馆。当时他用特制的一种胶布，用涂有黏着剂的胶布片敷于壁画表层，剥离莫高窟第335、321、329、323、320等窟唐代精品壁画26块。他在揭取壁画时采取的这种方式极其简单、原始、拙劣而粗暴，导致壁画受到摧残，在今天走进一些洞窟时仍然是触目惊心。另外，还购得敦煌写本《妙法莲华经》残卷。当时由于气温寒冷，不利于胶水的使用，加上他也缺乏助手，便在剥取了一些壁画之后，于1924年4月返回兰州，经北京回国。其旅行记录为《在中国漫长的古道上》。

华尔纳回国后因为他的经历与收获，为他获取了很大的荣誉。于是他决定进行一次更大规模的考察活动，目的地仍是敦煌，主要是为了更多更好地揭取壁画和搬走彩塑。于是着手组建第二次考察团，考察团成员由6人组成：华尔纳、杰恩、丹尼尔·汤普森（负责剥离壁画）、阿兰·普列斯特、霍拉斯·史汀生（负责测绘）、查理德·斯达尔（负责摄影），组成了一个相当专业的考察团，主要是针对莫高窟285窟，准备将此洞窟全部搬到美国。华尔纳第二次考察还有一个任务，就是在中国寻找一所与哈佛大学合作共同研究中国文化的学校，选中了北京大学，虽然这种合作由于中国人民的反帝高潮和排外情绪所搁浅，但是北京大学的陈万里先生作为中国专家随队西行。陈先生的西行虽然表面上是为考察队解决一些古文和语言困难，实际上主要是阻止华尔纳盗劫我国文物，给考察团活动带来极大的不便，有效地保护了祖国的文物，也捍卫了中国人民的利益。沿途发生的事情均记于他后来的个人日记《西行日记》。

考察团是1925年2月16日离开北京的，5月19日到达敦煌，在和县政府接洽的过程中拒绝了考察千佛洞的要求，因为华尔纳第一次的破坏行为已使当地老百姓十分气愤，他们也向王道士责问此事，并使得王道士不得不靠装疯卖傻过日子。经过一番商讨，最后给考察团一系列限制与规定：

1. 考察团成员不准住宿千佛洞。

2. 考察团的成员参观千佛洞要由当地派出的人监视，并必须当日返回县城。

3. 不准破坏壁画及其他一切文物。

不仅如此，当地老百姓组织了一队人专门监视考察团的行动，时时有发生武力的可能性。在如此严密的监视下，考察团一行也不得不草草结束考察活动，只活动了3天便于5月23日离开敦煌。之后又去了安西榆林窟，在那里偷拍了一些照片，1938年发表专著《万佛峡——一所九世纪石窟佛教壁画研究》。当时由于全国各地爆发了反帝爱国“五卅”运动，北京大学最终决定不与哈佛大学合作，并电令陈万里与考察团决裂，提前返校。陈万里家中也来信说家中有事要陈赶紧回家，于是陈万里在安西与考察团分手，独自一人赶回北京。美国一方也考虑到中国国内的形势，电报要求华尔纳一行结束活动回国，于是华乐纳不得不解散考察团，中止考察活动，于同年8月返回哈佛大学。

扼腕叹息国人的自劫

藏经洞写卷文书与大量的佛画在经过王道士最初的四处奉送、巴结官府人物、出卖了一些之后，又分别于1907年、1908年经斯坦因、伯希和的劫掠，至此，大半与精华已经流散国外，那么所剩下的部分的命运又是如何呢?

李盛铎

1909年5月，伯希和来到北京，出示给北京的中国学者一些敦煌卷子，当时在北京的许多著名学者如罗振玉、蒋伯斧、王仁俊、董康等都目睹了敦煌宝藏。1909年9月4日在北京的六国饭店，在京的学界名人几乎全都参加了这次招待法国年轻的汉学家伯希和的盛大的宴会。会上年少气盛、得意过分的伯希和，坦言说出这些宝物的由来，致使罗振玉等人如梦惊醒，受到极大震动。谁也不可能想到，那万里之外的蛮荒大漠会有如此巨大的考古发现，并且多半被这些穿越西域而来的西方探险家们弄走了。这次活动惊醒了中国学人，也让中国国内第一次大范围对敦煌石室藏经的了解，更是中国人第一次为国内发现如此重要和珍贵的东西被劫掠国外而震惊，尤其使得一批有良知的文化界人士开始考虑挽救国宝的问题。

经过以罗振玉为首的中国学者的奔走呼吁，才由当时的清廷学部负责把敦煌藏经洞所剩文物运送至京。罗振玉是敦煌遗书遇到的第一位恩人，但这并不意味着它的厄运已经结束。

押送进京的任务交给了新疆巡抚何彦升，押解差官是江西人傅某，前来押运的清朝官吏很不用心，并没有把藏经洞文献收拾干净，致使1920年国民政府官府检查时仍有遗存。袋装的敦煌遗书被搬了出来，带着厚厚尘土扔在大车上。连木箱也没有，只用草席捆扎遮盖，有力的大手把堆满车上的文献杀紧。

王道士瘦小的身影待在一旁，看上去不知所措。其实王道士好像早就料到这一点，在官府清点之前，他早把一些比较好的写本转移收藏起来。就在这些卷子被封存在藏经洞那段时间里，他早做过手脚，把许多珍贵的写本都盗取出来了。有两个被他称作“转经桶”的大木桶，就是他巧妙藏匿写本的地方。后来，英国人斯坦因再一次从王道士手里买到了大量写本。还有一部分在1911—1912年被日本大谷探险队的吉川小一郎和橘瑞超买走，总数也有数百卷。俄国人鄂登堡的收获更是惊人，弄走古写本几千件以上。从敦煌到兰州那些大大小小官员们从来没拿藏经洞当回事，王道士才敢如此胆大包天。民国初年，甘肃和新疆一带，经常有人向外国人兜售这种古老珍奇的写本，其散失之严重可以想见！在陈万里的《西行日记》中可以看到在甘肃一带随处都有敦煌写本经卷的出售。中国的文化就这样被无知荒唐地虐待着。

就此并没有完结，敦煌藏经洞宝藏的厄运还远没有结束。

藏经洞宝藏发现后的第 9 年，当时的清政府终于完全接管了。这些藏品虽然是斯坦因、伯希和劫掠后剩下的，但毕竟还有8000多件，数量还颇为可观。但是，谁也不会想到，从敦煌到北京，这些藏品竟会经历怎样一个苦难旅程？学部的调令由刚刚调任的甘肃藩司、代理巡抚何彦升负责。他命令敦煌知县陈泽藩查点剩余经卷，送达兰州。在王道士管理藏经洞的时候，藏品的流出都是在秘密的状态下发生的，只有极少数人了解一些情况。现在，北京的命令和兰州的执行，使得藏经洞有价值不菲的宝藏成了公开的新闻，无人不知敦煌卷子价值连城。于是，一场以获得藏经洞藏品为目标的“游击战”沿着进京的5000里路线而广泛展开。从敦煌到北

王道士藏经的莫高窟第351窟主室

京，变成了一条掠夺敦煌藏经的战线。

沿途一路，大小官府如同层层关卡。官员们和经手人雁过拔毛，不断把手伸进“运宝”的车中。他们根本不懂这宝物指何而言，只知道它们价值连城而决不放过机会捞一把罢了。文物，在纯正的文化人的眼里是精神财富，在无知而贪婪人的眼里只是一种变相的黄金。

运载经卷的大车离开藏经洞，首先到达敦煌县城。押送的人把车子停在官衙门外，大家入内吃饭。在室内大吃大喝的同时，门外的人就从大车上抽取经卷。押送的人对于门外发生的事睁一只眼闭一只眼，装作什么也不知道。负责招待押送官的人与门外抽取卷子的人实际上就是同伙。从敦煌，经过酒泉、高台、张掖、永登，到兰州，兰州以后再到定西，一路都有经卷丢失，盗窃的人多采用类似的手法。

对敦煌卷子有兴趣有盗窃机会的人都是当地的上层人士，地方官宦、名士、乡绅，各有所得。敦煌卷子一时成为抢手货，敦煌为官者乃至甘肃的为官者，甚而行伍出身的军人，也无不以得到敦煌经卷为快慰。实际上，多少人参与这一路的盗窃，有多少经卷流失，如今已成了永远的谜。

然而，最厉害的一关，要算主管此事的新疆巡抚何彦升。

当运载写本的大车进了北京城后，押运官何彦升并没有马上移交学部，他竟让儿子何震彝把车子接进他家。由何震彝和他的岳丈李盛铎，以及刘廷琛、方尔谦等人一同把车上所有经卷写本翻了一遍，择其精好，悉数窃取出来。怕缺了件数，被人发现，竟将较长的卷子一撕为二来充数。然后才交给学部，入藏京师图书馆，总共8000多件。

对于李盛铎所获敦煌卷子来源，此为一说。另外近年经北京大学荣新江教授研究发现也有另一种可能，李氏所得敦煌卷子，并不像现在人们都认为的那样，是在交学部前所得，而是在敦煌卷子入学部后，由于李盛铎当时在学部任职，近水楼台，监守自盗。加上李氏本人又精通版本目录学，所得多为精品。

何家藏品后来卖给日本京都藤井氏有邻馆，李家藏品一部分归南京国立中央图书馆，今在台北，另一部分文书，后来以8万日元卖给了日本人。这便是敦煌文化悲剧中一个最黑暗、最丑恶的细节了！

就这样，这批敦煌遗书的抢劫才算到头。在大车把这些劫后仅存运进京师图书

李盛铎法书作品

馆时，总卷数为8697号，仅仅是它出土时的五分之一，而且绝大部分都是佛经，那些具有无限深广的社会经济意义与极其丰富的世俗生活内容的文书，差不多都被伯希和与斯坦因运走了。就连这些佛经也被清朝的官员们撕裂得首尾不全，伤痕累累，这是一个民族最为黑暗的一页，也是我们的耻辱史上自己写上的一笔。

在清政府运走藏经洞文物时，有专银支配，当时也答应给王道士一些银钱，作为修补佛窟之费，但是王道士迟迟没有等到这笔款子的到来，心中也一直挂念着此事，在等待没有希望的时候，于是决定上书朝廷催款，书有《催募经款草丹》。只可惜，他不知道1911年之后清政府早已下台，同时他可不知道当初给他的银两早已被腐败的官员们挥霍掉了，哪有他的份。不过他的催款书也一直没有发出去，估计他也无处投寄，只好搁置书箱。20世纪40年代国立敦煌艺术研究所时期，在三清宫下寺的一木箱子中发现了王道士当年的草丹，为红纸墨书，现藏敦煌研究院。

国画大师张大千在敦煌的经历

张大千在洞窟临摹壁画

张大千，原名张正权，后改名爰、季爰，字大千，1899年生于四川内江。幼年时受慈母及兄长熏陶，潜心书画诗文。后东渡日本，学习绘画与印染工艺。归国后拜著名书画家曾熙、李瑞清为师，画艺精进，声名鹊起。张大千先生对石涛、八大、渐江诸家日夕揣摩，钻研深透，临摹之作，悉可乱真，画坛为之震动。他还对沈周、陈老莲、唐寅等的名作玩索汲取，于山水、花鸟、人物等无所不工，笔路宽广，观之令人折服。张大千先生遍游名山大川、胜迹古刹，广为撷取造化神奇；两次远涉敦煌宝库，追溯中华艺术源流；一生阅览名作无数，鉴藏宏富，熔铸古今，璧合中外，但又师古不泥，学习西洋画艺入

张大千在榆林窟

而能出，自成一体，用笔雄健，设色明丽，画风清雅，在现当代中国画坛上留下了丰富的印迹。

张大千先生1949年远离乡土，萍踪万里，先西去印度，次返迁香港，又移居南美，复转至美国，最终登岛台湾。30多年里他往来于亚、欧、美，举办了大量画展，赢得了广泛的国际声誉，被称赞为“当今最负盛名之国画大师”。

张大千先生一向好客，朋友很多，其中有一位叫严敬斋的，曾担任过国民党中央政府监察院驻甘宁青监察使，多次向大千先生介绍甘肃敦煌莫高窟的石窟艺术。作为一代画师，由于对艺术的追求，大千先生极感兴趣，在查阅了一些有关敦煌石窟艺术的资料后，下决心要到敦煌去看一看。敦煌石窟艺术是中华民族的无价瑰宝，早已闻名世界。然而，在张大千之前，中国尚未组织过任何专业团体去考察过，更不要说研究和保护了。

为了去敦煌考察，张大千变卖了部分家产，于1941年到1943年扶儿带女千里迢迢赴敦煌。在当时，任何人都无法明白，如此一位功成名就的绘画巨匠，怎么会突然离开他辉煌夺目的生活和在中国画坛太阳一般的地位，来到这举目苍茫、罕有人迹的天地中来。在这里眼睛里只能看到一条笔直的地平线，耳朵里只能听到自己呼吸时的声息。难道只为了寻找中古时代的绘画真迹？难道仅仅由于在中原很少能看到唐人绘画的手迹？而只有在莫高窟才能亲眼看见“曹氏山水、吴带当风”的货真价实的原本模样吗？粗略浏览了莫高窟的张大千，便对各个时代的壁画风格做出在今天看来依然准确精辟的论断。

张大千到敦煌之后，在简单的考察之后，做的第一件事是对莫高窟洞窟进行编号，显示出他个人极好的文化修养与对考古学知识的了解，因为如果没有洞窟号，一切都没有归宿，不科学。如今在莫高窟常常见到两种旧日的编号：一种是伯希和的编号，阿拉伯数码前面有个“P”字标记，总计183号；一种是张大千的编号，汉字数码大写竖题，总计309号，张大千在洞窟中编号书写的字体风格是一望便知的。只可惜的是张大千的毛笔大字经常要破坏掉精美的壁画。

在敦煌莫高窟期间，一位朋友借给他一支骆驼队，帮助他从很远很远的一条干

1943年张大千、卢善群等人在敦煌艺术研究所合影

涸的河床旁，运来烧饭用的枯木，这支慢吞吞的骆驼队来回的路程需要八天，拾柴一天，每趟要用九天的工夫，而每趟运来的木头，刚好供九天之用，所以这支劳苦的骆驼队永远在长长的路途上不停地晃动着。不过张大千由于在军政界有影响有关系，因此有一支地方部队几乎是专为他调用，大大方便了张大千在莫高窟的各项工作。

张大千在阴暗的洞窟里，孜孜不倦工作近三年时间，临摹作品达267件，小的数尺，大至数丈，平均两三天一幅，这是多么巨大的工作量。

张大千感觉到敦煌的东西对他太重要了，于是为了更好进行临摹等工作，张大千又叫来了好友谢稚柳，也让家人来帮忙，几乎是全家上。另外张大千亲自从青海塔尔寺请来协助工作的藏族画师昂古等人，这些民间奇人能缝制十二丈的大画布，运用重彩的本领令张大千钦佩不已。仿佛使他看到了一千年前那些生气蓬勃、技艺高超的民间画师。在繁华绮丽的大都市里，哪里能找到这种健康豁朗的绘画气息！他感到他与中华文化最富活力的奔腾澎湃的源头衔接上了。

1944年，“张大千临摹敦煌壁画展”相继在成都和重庆展出，轰动一时，精美绝伦的临摹品把千里之外灿烂的敦煌展现在国人面前，一阵从未有过的清新华美之风吹入人们的心中。在人们钟爱的文化事物里，从此出现了一种由张大千的生花妙笔传送来的敦煌形象。临摹和复制，由此也成了敦煌学中不可缺少的研究手段。

陈寅恪说：“自敦煌宝藏发现以来，吾国人研究此历劫仅存之国宝者，止局于文籍之考证，至艺术方面，则犹有待。大千先生临摹北朝唐五代之壁画，介绍于世人，使得窥此国宝之一斑，其成绩固已超出前人研究之范围，何况其天才独具，虽是临摹之本，兼有创造之功，实能于吾民族艺术上别创一新境界，其为敦煌学领域中不朽之盛事，更无论矣。”

间接参与藏经洞文物流散者

敦煌藏经洞发现之后，我们现在知道的有明确记载的文物流散主要有：斯坦因二次，伯希和一次，大谷探险队、鄂登堡、华尔纳从王道士和当地老百姓手中所

张大千临摹敦煌唐代菩萨像

得，所剩大批量的就是1910年运送到北京的部分，这些均有相应的博物馆或图书馆收藏，数目也相对较为明确。可是时至今天，世界各地以及中国国内所收藏敦煌藏经洞写本经卷的地方越来越多，时有经卷面世，而且这种现象仍在继续，这就说明敦煌藏经洞文物在当时的流散和现在的收藏远不是我们目前所了解和掌握的。其实藏经洞发现后，在文物的流散方面，除人们所知道的几次大宗的明确记录外，也有大量的其他的流散情况，一直鲜为人知，或者说目前为至还有我们根本不知道的，因为没有记录，有的根本无法找到记录。

王道士发现藏经洞之后，很快就开始利用这批宝物为自己谋私利的活动，现有记录的诸如有送给驻防酒泉的安肃道道台兼兵备使满人廷栋、敦煌县令湖北人汪宗翰等人，后来又分别到了在甘肃为官的一些官员手中，这些文物已散流全国各地，甚至有的到了日本、美国。此外没有记载的从王道士手中送给地方官员和地方绅士的经卷绘画就不知道有多少了，想来一定为数不少。考察当时在敦煌及河西，甚至

流散较多的敦煌藏文写经

流散美国的藏经洞天公主功德供养地藏菩萨绢画

甘肃做官的各地人士都多多少少拿到过敦煌藏经洞的卷子文物，如彰明人苏子培时任敦煌典史，曾获得藏经洞出土佛经、道科等写本数卷，部分下落不明，个别现于日本收藏。

身居清政府要职的两江总督、后转任直隶总督兼通商事务大臣的满人端方，早在斯坦因到达敦煌之前，收到从甘肃地方官员手中寄送的藏经洞精美绢画与写经，现分别藏于美国和德国。

在藏经洞文物于1910年运送到北京之后，斯坦因第二次造访、日本大谷探险队、俄国人鄂登堡、美国人华尔纳来到敦煌仍然获取数量不等的经卷文书，可想而知王道士私藏了多少，可以想象得到敦煌本地流散的数量一定非常可观。陪同华尔纳考察团第二次来敦煌的北京大学陈万里先生在他的《西行日记》中记载了这一重要信息，他们每到甘肃一地，总会在古董市场或个人手中见到来自敦煌藏经洞的经卷写本出售。

在新中国成立前上海、北京等地的古董市场上，总是有敦煌藏经洞文物出售，日本的好多公私藏品就是从这里得到的。而新中国成立后一直到现在，在全国各地，特别在甘肃河西一带不时有人捐献或出售藏经洞经卷写本，同时有不断的传闻在一些地方的老百姓手中有敦煌写卷的消息，都说明了藏经洞文物的流散之大。要全部调查清楚藏经洞的家底谈何容易，因此藏经洞到底有多少文物也就很难弄清了。

【拯救国宝的民族“脊梁”】

罗振玉

罗振玉（1866—1940），浙江上虞人。字式如。又字叔蕴、叔言，号雪堂，永丰乡人，晚号贞松老人、松翁。十五岁举秀才。清光绪十六年（1890）在乡间为塾师并著书。二十二年与蒋斧等在上海创立农学社，开办农报馆。二十四年创办东文学社。二十六年应鄂督张之洞之邀，任湖北农务局总监兼农务学堂监督。二十八年任南洋公学虹口分校监督。次年入两广总办岑春煊幕参议学务。三十年受江苏巡抚端方委任，创办江苏师范学堂，任监督。三十二年入京任学部二等咨议官。宣统元年（1909）补参事官兼京师大学堂（今北京大学）农科监督。1911年辛亥革命爆发，与王国维等避居日本，从事学术研究。1919年归国，住天津，1921年，参与发起组织“敦煌经籍辑存会”。1924年奉溥仪之诏，入职南书房。1928年迁居旅顺。九一八事变后，参与策划成立伪满洲国，并任多种伪职。1937年退休，死于旅顺。

敦煌学方面，主要著有《鸣沙石室佚书》、《鸣沙石室佚书续编》、《鸣沙石室古籍丛残》、《敦煌石室遗书三种》、《贞松堂西陲秘籍丛残》、《敦煌石室碎金》、《敦煌零拾》、《沙州文录补》、《敦煌石室遗书》、《佚籍丛残初编》、《石室秘宝》等书。

罗氏又和王国维一道将斯坦因在敦煌、罗布泊等地发现的汉晋木简照片汇为《流沙坠简》，并作考释。撰有《雪堂校刊群书叙录》二卷、《补唐书张义潮传》、《瓜沙曹氏年表》等多种敦煌学论著，尤其注重对中国传统四部书写本的研究和整理。另有《殷虚书契》、《三代吉金文存》等，其著作及刊刻大多收入《罗雪堂先生全集》。

1909年9月4日，一批京师学者在六国饭店设宴招待伯希和，出席者有学部侍郎宝熙、京师大学堂总监督刘廷琛、大学堂经科监督柯劭、侍读学士恽毓鼎、学部参事兼大学堂毛诗教习江瀚、大学堂尔雅说文教习王仁俊、国子丞徐枋、大学堂音韵教习蒋黼，还有董康、吴寅臣等，其中主要是京师大学堂的一批学者。而因病未能与会的罗振玉，其时是大学堂农科监督。

在招待会上，恽毓鼎在致词中，正式提出影印伯希和所收敦煌藏经洞写本其中精要之本的要求，伯希和表示“自可照办”。具体实施者是罗振玉。罗氏又请端方襄助，敦请伯希和出售所携和已运回国的四部要籍写本照片，伯氏如约，陆续寄到，端方分交罗振玉和刘师培考释。1910年，罗振玉编成《石室秘宝》，为刊行敦煌影本之始。罗氏又陆续编有其他著书，并撰写了大量敦煌写本跋语和校勘记，成为贡献最大的敦煌学开拓者之一。

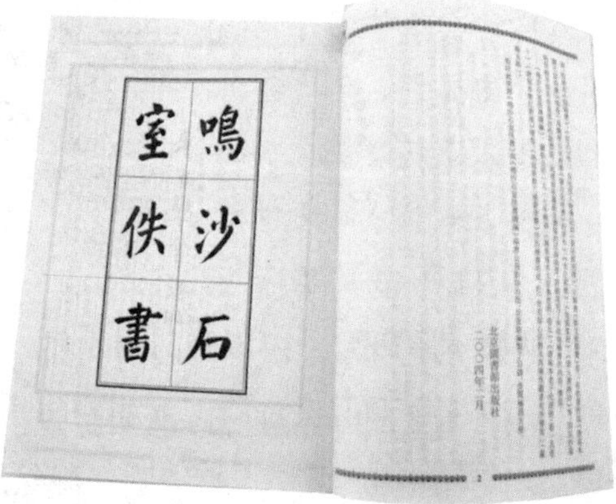

鸣沙石室佚书书影

罗振玉最重要的贡献是通过自己的奔走呼吁，将藏经洞所剩写卷运送北京京师图书馆保存一事。1909年中秋节，罗振玉首次访问伯希和于苏州胡同，随即得知敦煌石室还有大量写经卷本，至少还有六朝和唐宗写本数千件，便急不可待地报告给学部，请学部发电报给陕甘总督毛实君，托他将劫余敦煌卷子购送学部，并亲自拟好了电文上呈学部。学者的大义具有一种感人的力量。他终于说服了学部左丞乔树楠，并由他代写电文，命令陕甘都督毛实君即刻封存莫高窟藏经洞内剩余的古物，

罗振玉法书真迹

严禁外国人购买。学部还拨款库银3000两，交给敦煌县令陈泽藩尽量收集失散的经卷文物。转年，由新疆巡抚何彦升负责，把封存在藏经洞内的文献古物全部解送到北京。罗振玉是敦煌遗书碰到的第一位恩人。试想，若没有1909年罗振玉等人的努力，敦煌写本的命运将不堪设想。因此罗振玉是拯救敦煌藏经洞宝藏的中国知识分子代表，是中国知识分子的脊梁。

【藏经洞文物初次流散国外原因新解】

我们知道，藏经洞文物大规模流散国外主要是在英人斯坦因1907年来敦煌时所发端，此后便有法人伯希和、英人斯坦因的第二次“造访”、日人吉川小一郎、俄人鄂登堡等，而其主要的肇事者是斯坦因，由于他的首次得手与对外的宣扬，盗宝者便接踵而至，上演了一幕幕让国人永远也忘不了的伤心史与耻辱史。因此对藏经洞文物流散原因，特别是流散国外原因的探讨，其主要便是研究当时斯坦因是怎样骗取王道士的信任而顺利得手，也即探明王道士和斯坦因之间秘密“公平交易”的历史真相。

俄国考察队所拍1915年的下寺

一个世纪已经过去了，到今天为止，学者们对发生在百年前那一幕的认识基本一致，即是斯坦因在他的日后文章中也不止一次提到他当年如何与王道士周旋经过的记录，让我们无法忘记的是斯坦因所一再强调的他和他的中文秘书湖南人蒋孝琬怎样编造花言巧语，说斯坦因是顺着当年去印度取经的唐代高僧玄奘的足迹西来的取经僧，要取回唐僧带到中国的经卷，从而骗取对《西游记》故事相当熟悉同时又对唐僧玄奘极为崇拜的王道士的相信，因此而轻易得手，获得大量经卷文书。斯坦因的这一“自我解围式”的解释，也便为敦煌学界所一直引用，误导人们百年之久，并基本上是被奉为“经典”，到目前为止，未见有不同意见，这种现象或许是由于没有发现更多新资料的缘故吧。

关于王道士的历史记载非常有限，所见大多又是斯坦因的记录，这是导致所要探讨问题一直不明的主要原因之一。但所幸的是在莫高窟留存有当年王道士所主持兴建并住持到死的“下寺”。下寺位于藏经洞所在的第16窟、三层楼正前约十米，自从王道士1931年死后至今，下寺几经改修他用，后又破烂废弃，因此无有人注意其所蕴藏的重要历史信息。直到1998年9月至10月期间下寺修复，清理工作中发现下寺南大门上方正中横额“三清宫”木匾额。该匾额的发现，为更进一步了解莫高窟下寺提供了极为重要的资料依据。原来三清宫的建成年代是1908年5月。可以想象得到当时的王道士急于筹钱，很快与斯坦因一拍即合，通过金钱交易，达成出卖文物的交易。

其实三清宫早在1908年之前已动工兴建，在1907年5月王道士从斯坦因手中得到一笔可观的银钱后，实力大增，便很快在1908年5月挂匾额竣工。三清宫在当时的条件下来讲是相当豪华的。可以想见如此豪华的道观，是要花费大量的银钱的，而王道士作为一外来人，初来乍到，没有任何背景关系与当地势力的支持，也无基本的亲属关系；况且他又仅为一道士，要建筑一道观，道教在敦煌人的信仰中是远远无法与佛教相比的；在这种情况下王道士要全靠募化，在佛教中心莫高窟建一道观，本身便不伦不类，由此可以想见得到当初王道士的这一宏伟计划是极其难以筹到资金的。所以，分析的结果表明王道士三清宫的修建为斯坦因提供了一个千载难逢的好机会，藏经洞文物在王道士金钱利益的驱动下，厄运难逃。

因此在评价王道士对于如何处理藏经洞文物的行为上，笔者建议应当更多地考

修葺一新的莫高窟下寺（现为藏经洞陈列馆）

虑王道士的“经济利益”与“虚荣心理”，特别是王道士创建“三清宫”的这两方面因素，以及1907年斯坦因金钱对王道士的强烈刺激及这一次交易对王道士的影响与极大地腐蚀作用，特别是在王道士为三清宫正四处筹集经费时，使本来谨慎的王道士不顾一切地与之积极配合。而此前他所进行的都是一卷两卷的极小数目的行贿与受施活动。因此在此之后，1909年伯希和来时便极易得手，以至于这些有钱的“大人”们每次都会满载而归。

众所皆知之事实，斯坦因曾多次在不同的文章中提到他当年（1907）初来莫高窟时为了藏经洞的宝物，如何与王道士全力周旋的一些情节，其中他一再强调的是他如何利用玄奘的故事来最终骗取王道士并大获成功的故事。但到目前为止，考古工作中我们一直未见有关“玄奘西天取经”的绘画于三清宫。但奇怪的是我们却在上寺大殿正面檐墙方格中看到绘有十分精彩的唐僧师徒一行四人及一马往西天取经图，其情节多为悟空斗法，显系来自《西游记》。那么上寺的这些画面在当时斯坦因应见到过，因为他初来时最先打交道的即为“西藏僧人”，应为上寺喇嘛。但当时上寺并不属于王道士所管，而且按斯氏所记如在上寺似不合情理，或则疑惑为斯氏的笔误，似不大可能。那么或是斯氏为了圆满自己的“故事”而为！另外斯坦因曾拍有一幅照片，是王道士立于一廊柱旁，身后墙壁上画有《西游记》情节，疑为三层楼某处，今已不存。此照片并不完全说明王道士的真实想法，但却可以表达斯坦因的动机与意图，似为自己解释的有意注脚。其实斯坦因在文中一再提到玄奘，同时又多次说到“捐”“施”银钱之事，均在极力强调前者而淡化后者，似有言不由衷之嫌。毕竟这次“公平交易”并不公平，而他所做所为亦非正大光明、十分光彩之行为。

不管怎样，即使斯坦因所言确切，王道士对与自己宗教信仰相异的玄奘的崇敬，无论如何是抵挡不住斯坦因主动送上门来的眼下正急缺的银钱的诱惑。而且从三清宫大殿道家三尊像的塑造供奉和今天仍保存的道教故事壁画，可以看出王道士信仰的主流还是道教，玄奘取来的毕竟仍是佛经而不是道经，这一点王道士应是相当清楚的，从他日后对藏经洞经卷文书的“认识”与“处理”得到印证。因此我们认为斯坦因的记录只能证明，王道士和当时中国普通老百姓一样，是比较喜欢《西游记》中的故事情节而已，并不表明其他问题，无法让人信服地认为当初王道士是出于对玄奘的崇敬而轻易地相信了这些相貌独特又操不同语言的洋人的，毕竟他们之间是根本无法交流的，只有银钱才是等价物，是相同相通的。

因此，我们看到敦煌莫高窟“藏经洞”文物的最初大量流散国外的主观的因素是和王道士与斯坦因二人的各自不同的需求密切相关：王道士急需金钱，斯坦因急需藏经洞文物，而恰巧极为不幸的是由王道士执掌着斯坦因所要得到的文物，这是个合理的但却是让国人流血的逻辑论证，其结论早已被历史所回答。

【沙漠图书馆】

藏经洞遗书面面观

藏经洞遗书分类简介

敦煌藏经洞发现的五万多件古代各类写本文书，其中95%的汉文写本为佛典，包括经、律、论、疏释、赞文、陀罗尼、发愿文、启请文、忏悔文、祭文、僧传、经目等。非佛典文献虽仅占5%，但内容相当广泛，包括四部、道经、俗文学、文书档案等。如果进一步细分，则史部包括史书、政书、地志、氏族志等。子部包括道教卷子、医书、历书、占卜书、类书等。集部有别集、诗、曲子词、变文、讲经文、押座文、话本、俗赋及词文等。官私文书是敦煌文书中最具珍贵史料价值的一部分，包括符、牒、状、帖、榜文、敕词、过所、公验、度牒、告身和籍账等。另有与户部、刑部和兵部相关的文书片段。也有建窟功德文、人物邈真赞、碑铭记

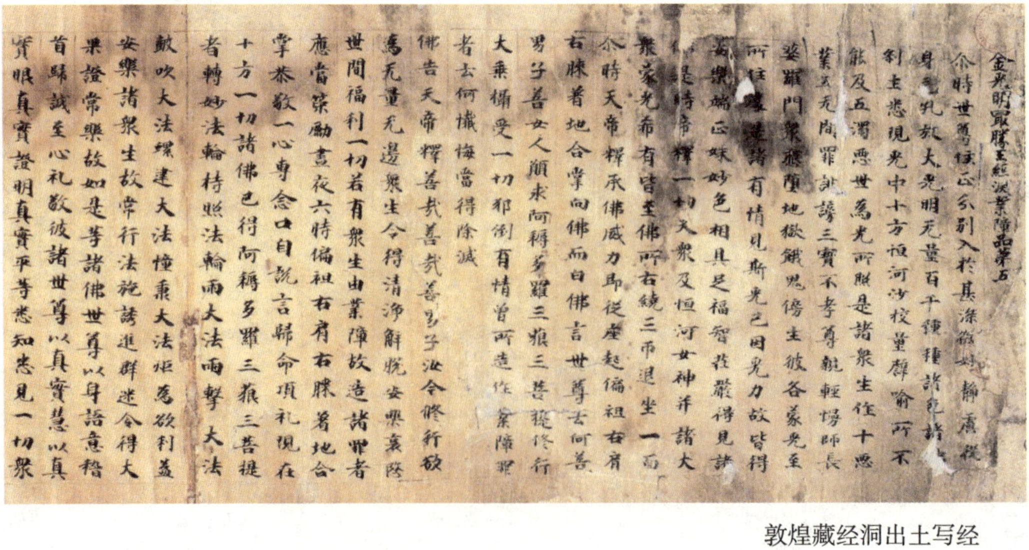

敦煌藏经洞出土写经

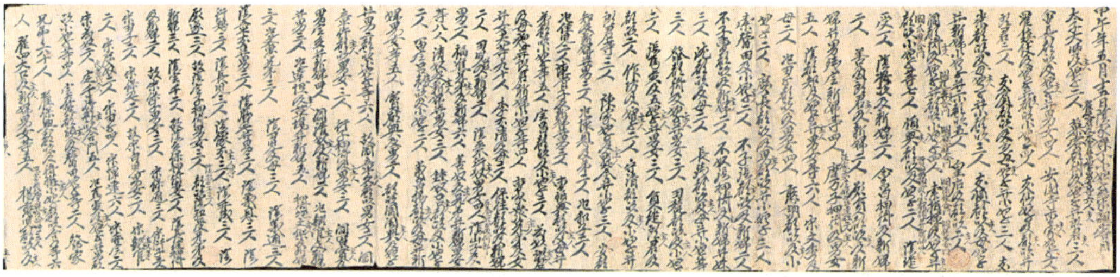

敦煌写本S.4700《荣亲客目》

等。此外还有大量的少数民族文字。又有各类绘画艺术品如绢画、麻布画、纸本画（白画、白描、画稿、着色画、印本、版画、杂画涂鸦）、印章、刺绣、丝织物、木雕像等。

敦煌写本形式简介

敦煌文献数量庞大，但从形态上看，绝大部分是卷轴装，除此之外，还有旋风装、蝴蝶装、折页本、册子本、梵荚本等形式。

卷轴装使用时间很长，一直到8世纪末。三种新的形式出现依次为第一是折页本，其次是册子本，再其次是少量的印度风格的贝叶形，即梵荚写本。

下面分别作一简明扼要的说明：

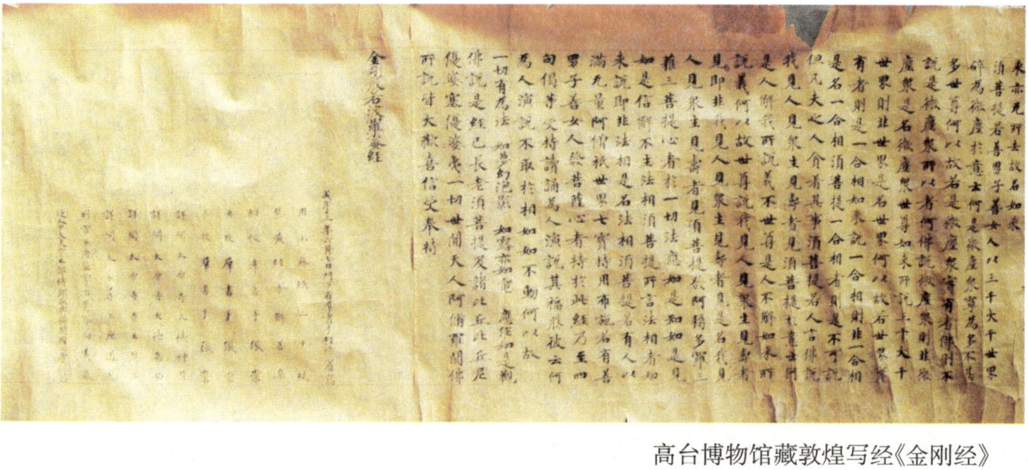

高台博物馆藏敦煌写经《金刚经》

1. 卷轴装

用纸若干张粘成长幅，用木棒作轴，从左到右卷成一束。读时从右至左一一展开，不用时可以卷到一起。藏经洞此类形式的写经最多，有的两端或一端还有木轴留存。

2. 梵夹装（贝叶本）

古代南亚一带的佛经常以贝叶作书，叶子重叠，以板木夹于两端，靠一端或两端的中间处挖洞，用绳串联，故名。梵文、吐蕃文的写本被称为贝叶。贝叶的每一页都写得稀稀落落，各页的中间也开有这样的小孔，孔中穿绳，以保证前后顺序不致发生颠倒。在印度贝叶原是指写在某种树叶上的东西，但在敦煌及吐蕃，则用纸

敦煌写经P.T.896藏文梵夹

做成与印度的贝叶同样形式的贝叶。真正的贝叶，一页页都是分开的，但敦煌的折本则形成了这种贝叶相连的形式。真正的贝叶形汉文佛经写本在敦煌、吐鲁番也发现了几件。

3. 蝴蝶装

简称蝶装，把书叶反折，即有字的纸面相对折叠，将中缝的背口，用糨糊粘连，再以厚纸包裹作书面，翻阅时开展如蝴蝶的双翅，故名。

4. 册子本

将30厘米×45厘米的纸截成四份之后，再加对折，就制成了长15厘米、宽11厘米的小册子。也有把长40厘米、宽

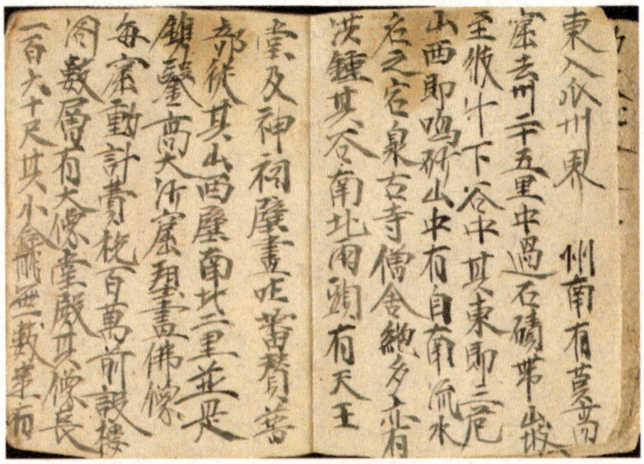

敦煌藏经洞地志写本S.5448《敦煌录》（蝴蝶装）

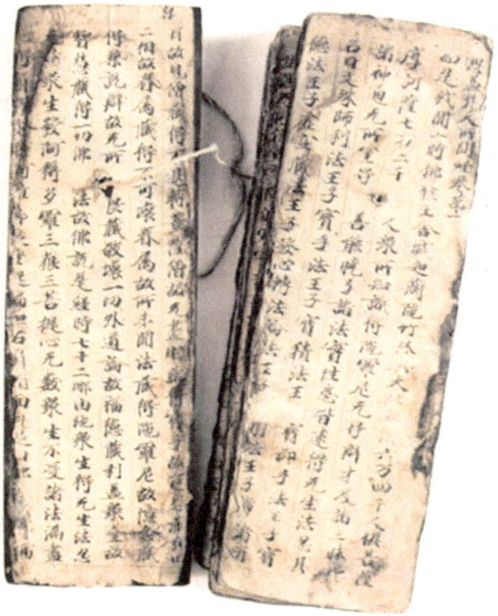

册子装写本

25厘米的麻纸裁成两半后，再对折而制成长25厘米、宽10厘米的细长条状的册子。由于中国的纸很薄，所以往往是两张黏合在一起使用，而且不用线缀连，只是以糨糊沿中间的折痕，粘连3～5毫米宽。糊的痕迹若以放大镜观看，还可以清楚地看见其中的麦麸，表明使用的是小麦面粉做的糨糊。这种形式的写本仅在敦煌就有几百件，年代全属9—10世纪。册子优于其他写本形式之处在于，它不像卷子那样正规，型制较小，便于携带。正因为如此，所写内容也多适合于个人使用，最多的是《金刚般若经》、《般若心经》、《观音经》（《法华经》的普门品），以及混有民间迷信内容的伪经类。总之，都是一些普通的经典。其他还有文书及书信的书式集、用语集等也很引人注意。

5.折页本

把一个卷子每四行或五行交错折叠就产生了折页本，寺院的经文就是这种形式。这种形式产生之后，在需要只看一卷中某一处时，就能够很方便地翻到这个地方，用过之后也没有再卷回去的麻烦，直接合上就行了。所谓跳读《大般若经》就是这种形式的书本的效用之一。这部经有600卷，通读一遍都很困难，但似乎每一册用左右手执其两端，中间在空中翻动一遍，就表明已把一卷读完了。自10世纪印刷佛典开始，到17世纪末，万历版的一切经印行以前的700年间，佛典都是做成折本形的。有人甚至认为这种形式是佛典特有的。

敦煌写本中，折本形写本即使在佛典中也非常之少，敦煌写本中也极为少见。在吐鲁番发现过若干件，但书体的时代都相当晚，可以认为是抄自印刷本的。如此普遍的折本为什么在敦煌写本中不多见呢？这确实是令人费解的事实。更奇怪的是，这种为数极少的折本形写本几乎都不是通常的折本，其每页正中或正中稍靠上面一点都开有一个小孔。

6.旋风装

旋风装写本

即以梵夹装的首末页粘缀，阅读时可循环翻阅，连续不断，故名。

以上各本主要是针对佛经抄本而言。

除此之外，另外还可以见到木简、绢本、木排等形式的文献。

从制造技术的角度看，绝大部分敦煌文献是手抄本，只有少量的拓本、临本和印本。

敦煌卷子的形制和规格

敦煌写本的数量很多，但其中大多属于某种固定的形式。另外也有不少不合常规形式的卷子，但这些卷子都有一定的道理采取常规以外的形式。

一般来说，标准的卷子本的形式如下：

用纸是麻纸。就是将旧麻布捣碎而制成的纸，但制法已相当进步。公元500年以后，纸的纹理变得更细，而在600年左右，纸已变得极薄、极有韧性。650年前后起，开始使用纹理细但较厚的纸，并染成美丽的黄色乃至黄褐色。

8世纪末敦煌地区归吐蕃统治之后，这种质地优良的麻纸就无法再从中国内地运来了，此后专用当地生产的纸。这种纸纹理极粗，尺寸也不再是小尺，而是当时通用尺的1尺×1.5尺。染料的质量也相当差，有时甚至使用不染色的灰白的生纸。即使是这种粗劣的纸，在当时的这一地区也还是很贵重的，吐鲁番地区的回鹘人就特意从敦煌购买这种纸使用。

敦煌卷子的尺寸，一般是25厘米—26厘米，相当于当时的1尺。不过后来的1尺已变为30厘米左右了，而写本用的麻纸仍然是早先的一尺，似乎不这样的话，排列在书架上就会有凸凹而显得难看。一般将这样的一尺叫作“小尺”，与长1尺相对，宽是1.5尺或2尺。自不待言，这种长度为1尺的尺寸实际是木简尺寸的孑遗。

卷子的用纸尽管是各式各样的，但在做成卷子本的时候，都要先在纸上画线，

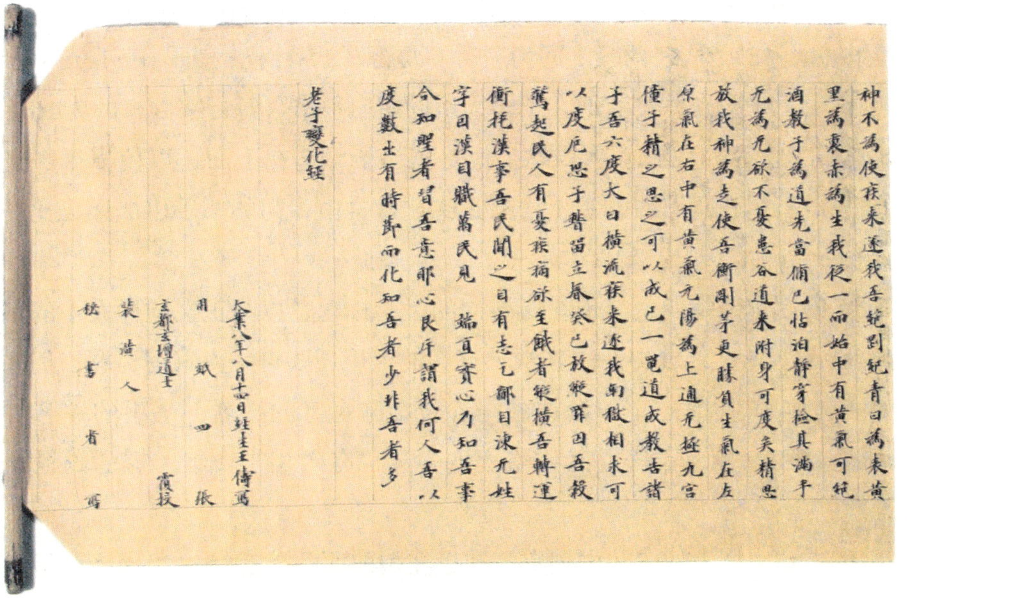

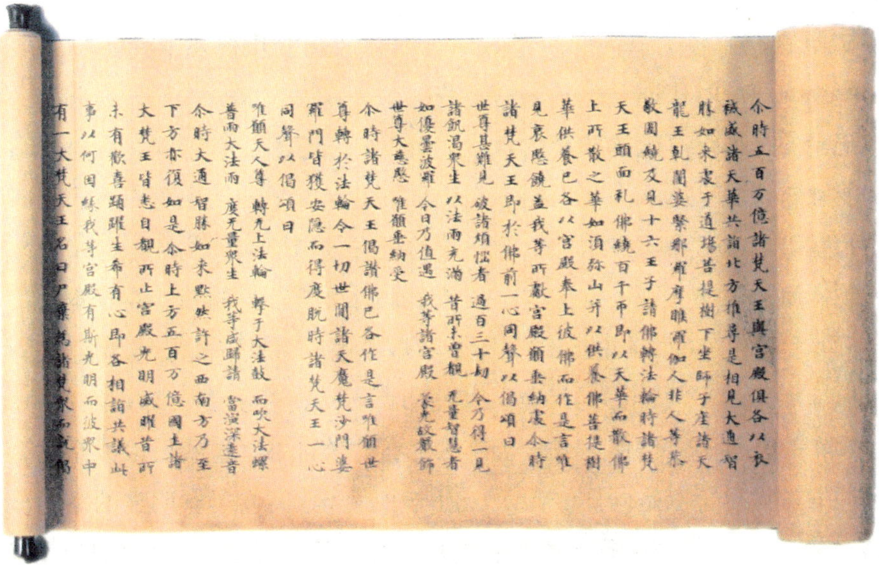

敦煌写经规格

纸的上下两端（天地）各留有3厘米左右的空白，上下各画一道横线。然后以1.5—1.8厘米的间隔画竖线，两线之间为一行，每行写17个字。似乎在5世纪后半叶这种形式才固定下来。在此之前的卷子，天地的留白很窄。每行字数有的为16字，有的为18或19字。有时也有不画线的，但是把格子纸垫在下面，以使横排、竖排的字都能整齐成行。在画有线的纸上写有正文。常常由专门的书手以严谨无比的书体书写。

正文的起首是标题，与现在所不同的是，标题是以与正文同样大小的字写在第一行。通常正文一卷约20—30张纸。正文的末尾还要再一次书写标题，但在这里大多只写略题，其后是题记。题记的内容包括施舍者的姓名、书手的姓名、书写日期、书写缘由、祈愿文等。其详略程度各异，有的相当详细，有的则根本没有题记。

纸的末端用糨糊粘接在木轴上。在正文的前面贴裱有15—20厘米的纸，这就是表纸。表纸的前端用细轴木整形，中间附有细绳。外侧的上端以大于正文的文字再次书写标题。不过这往往是由被称为题师的高级书手书写的。在隋唐的宫廷图书馆中，轴的上端附有象牙制的标签，据说是为了易于从书桌上找出来。

在初期的若干写本中，有的卷末记有“总计几千几百几十几字”的一卷总字数。在使用木简的时代通常也是这样记载的，可以说这也是木简的遗制之一。因为写本中记录的是值得尊敬的圣贤的言论，所以要注意不能有错误。像这样写出总字数确实能够防止脱字。从当时人们小心注意不发生脱字的现象可以看出当时也是努力防止错字出现的。书写在木简上的天子的诏书也同样在末尾注记总字数。而卷子则是模仿木简而来的。这一点从文字的历史来看是不言自明的。卷子本的书籍与诏书同样，不允许有一字一句的错误，须恭恭敬敬地抄写且应能流利朗读。

非标准形式的卷子本都是经典以外的书籍。从内容上看，都是经典的注释书、面向初学者的教科书、僧侣的戒律及佛号之类的教科书，这些可以说是供个人使用的。这种书写物尽管也是同样的卷子，但与书写经典的卷子有明显的不同。其每行不是17个字，字很小，其书写者也不是专门的书手，而是由学习者本人以及师傅、长辈等非职业书手书写，并且每每使用行书和草书。此外，用纸一般也不用麻纸，有不少甚至就写在废纸的反面。

西域胡语选介

敦煌文书中不仅有大量的汉语文献，也包括相当数量的其他民族语言书写的材料，如古藏语、回鹘语、粟特语、梵文、希伯来语等等。这些语言不仅在敦煌，而且在整个西域都长期活跃着。随着时间的推移，有的语言获得了更大地发展，更多的语言则衰落乃至消失了。记载着古代语言的文物埋没于黄沙之中，即便被人发现，其内容也无人知晓，昔日通行各国的交际工具，却成了“死语言”。20世纪初，在西域探险的热潮中，大量的古代语言书写的材料重见天日，而通过几代语言学家、历史学家的努力，有些语言“起死回生”，为各个领域的学者提供了丰富的语言、历史、文化信息。下面，就将曾出现在敦煌以及整个西域地区的一些重要的语言做一简单地介绍。

1. 吐火罗语

从遥远的古代开始，塔里木盆地周围就是民族错居的地区。其中，属于雅利安族系的民族占有主导地位。在这一地区的雅利安人当中流行着两种语言：吐火罗语和塞语。

吐火罗语文献是用印度古文字婆罗谜文书写的。塔里木盆地北部库车、焉耆，吐鲁番盆地高昌遗址和敦煌藏经洞中发现了大批吐火罗语佛典和摩尼教写经、医学文献、契约和籍账文书。起初，人们不知道这种语言叫什么名字，后来，德国语言学家缪勒在吐火罗语《弥勒会见记》的回鹘文译本中发现一条题记。其中提到这部回鹘文写经译自吐火罗语，所以缪勒将这种未名语

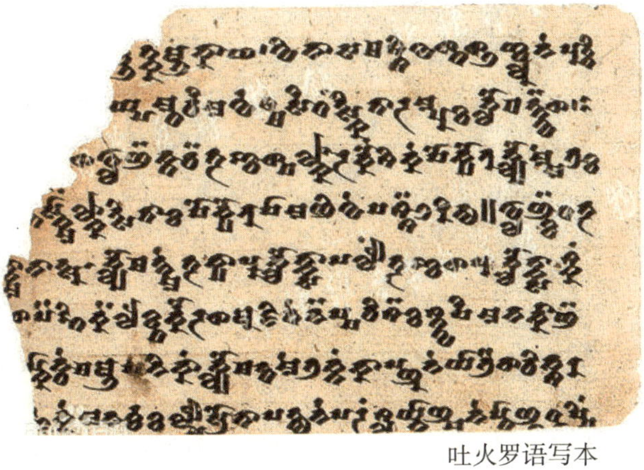

吐火罗语写本

言命名为“吐火罗语”。

婆罗谜文书写的吐火罗语有两种方言。一种流行于龟兹（今库车），或称“西部吐火罗语”、“龟兹语”；另一种流行于焉耆和高昌（今焉耆和吐鲁番），或称“东部吐火罗语”、“焉耆语”。在语言形态方面，龟兹方言较焉耆方言早。莫高窟北区石窟发现有此语写本。

2. 于阗语

又称塞语。塞语在发现之初，人们也不知是何种语言。德国语言学家劳依曼把这类语言称作“北雅利安语”，认为是印度和伊朗语之外第三种雅利安语。后来，法国东方学家伯希和发现这种语言与伊朗语接近，故称之为“东伊朗语”。最后，德国语言学家吕德斯证明这种语言与中古伊朗语东部方言中的塞语最为接近，因而

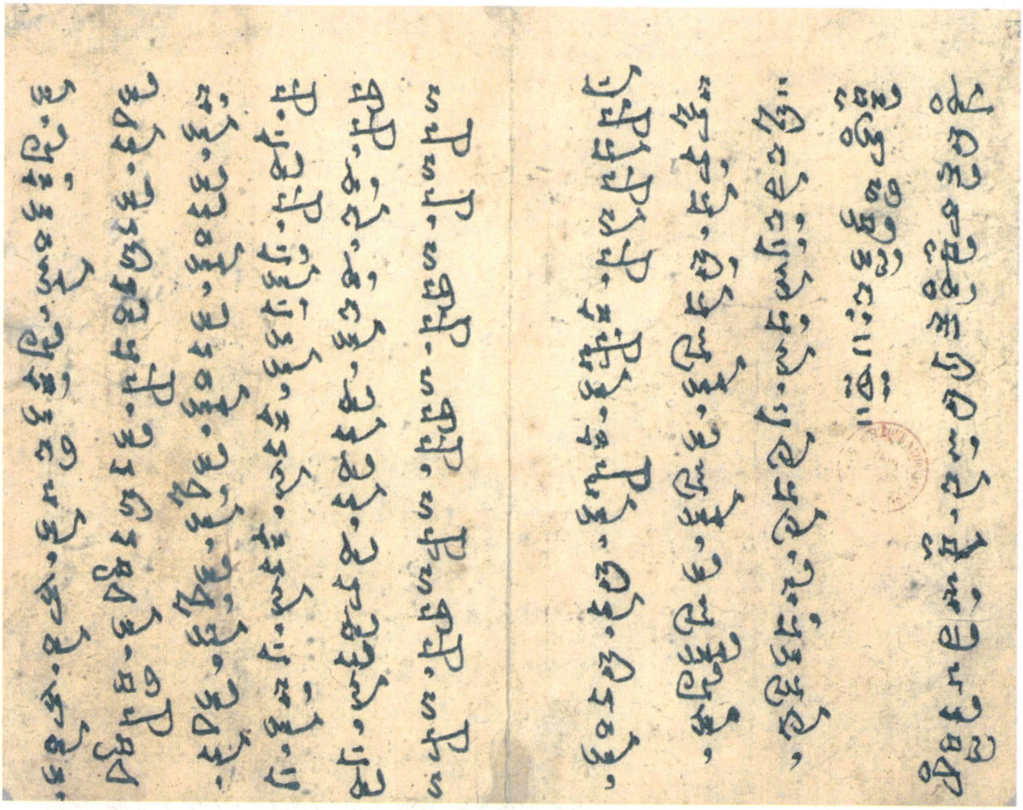

P.2029 于阗语写本

将其定名为“塞语”。这个命名已为学界广泛接受。

塞语文献都是用印度古文字婆罗谜文拼写的，主要发现于塔尼木盆地西部巴楚、和田和克里雅古代遗址和敦煌藏经洞。于阗语流行于塔里木盆地西南和田河流域，行弥语流行于和田之东克里雅河流域，疏勒语流行于塔里木盆地西北喀什噶尔河流域。

于阗语材料比较丰富，于阗本土和敦煌藏经洞保存有数以千计的于阗语佛教写经、文学作品、国王法敕、契约文书、户籍账目等等。

3. 粟特语

粟特语属于印欧语系中古伊朗语东部方言，文字则是在古波斯安息王朝官方文字阿拉美文草书基础上根据粟特语发音特点创立的。早在张骞通西域之前，粟特人已活跃在撒马尔罕和楼兰之间的古代商道上。东汉初年，粟特人已深入黄河流域，并开始在长安和洛阳经商，粟特语是丝绸之路上最早的国际通商用语。

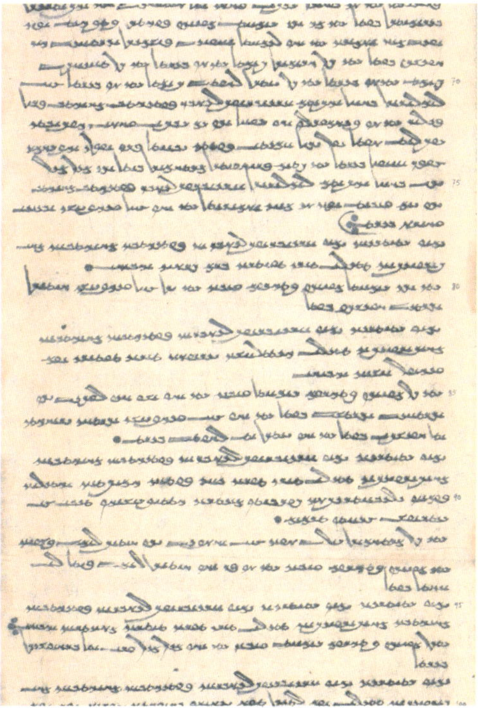

P.S.8 粟特文写经

粟特文最早出现于公元2世纪左右，但粟特本土撒马尔罕仅发现过属于这个时期为数不多的粟特语铭文。现存最古老的粟特文书是在敦煌汉长城遗址发现的，共八封书信，记录了洛阳遭大火焚烧及许多天竺人和粟特人因饥荒死于洛阳之事。这个历史事件究竟指洛阳史上哪个事件，学界尚未形成统一意见。一般认为是西晋末年五胡乱华时事。

斯坦因在楼兰至和田古代遗址中发现的粟特文书，大都为商业文书。敦煌藏经洞的粟特文献主要是佛教写经。吐鲁番发现的粟特文献最为丰富，有佛教、摩尼教、景教写经、买卖契约等。

随着东西方贸易的增长，粟特人的足迹几乎遍及丝绸之路各条路线。1933年，粟特本土塔吉克斯坦穆格山遗址发现了一批8世纪粟特文书。20世纪80年代初，印度河上游丝绸古道旁的石崖上又发现数以百计的粟特文题记。此外，南西伯利亚、蒙古草原和天山北麓昭苏地区的突厥石人和石碑上不断发现长篇粟特文铭文。粟特的景教士还用叙利亚文拼写粟特语。高昌古城郊外一处是景教遗址，曾出土叙利亚文粟特语景教文献。克什米尔的拉达克还发现过一处粟特景教徒留下的粟特文题记。

4. 犍陀罗语

犍陀罗语属印欧语系，中古印度雅利安语俗语方言，采用古波斯阿契美尼德王朝官方文字阿拉美文草书的变体，公元前3世纪中叶印度孔雀王朝阿育王统治犍陀罗时颁布的摩崖法敕。后来作为中亚贵霜帝国的官方文字之一流行于中亚广大地区。大约公元2世纪末，犍陀罗语开始向帕米尔以东传播，一度成为塔里木盆地许多国家，如疏勒、于阗、楼兰和龟兹的官方语言。不过，于阗、疏勒和龟兹诸国很快改用婆罗谜文拼写各自的语言，只有楼兰人继续使用至4世纪末。

5. 大夏语

丝绸之路上流行的第三种国际用语是大夏语。20世纪50年代以来，一些草体希腊文镌刻的碑铭在阿富汗、巴基斯坦北部和苏联中亚地区相继被发现，但铭文拼写的语言不是希腊语。1960年，英国语言学家亨宁终于揭开了其中的奥秘。他证实，这些草体希腊文碑铭的语言系中古伊朗语东部方言。由于最早的碑铭都分布在古代大夏境域，所以，他建议命名这种语言为“大夏语（Bactrian）”。不过，有些学者认为这种语言应是吐火罗语，并建议将其命名为“真正的吐火罗语”。

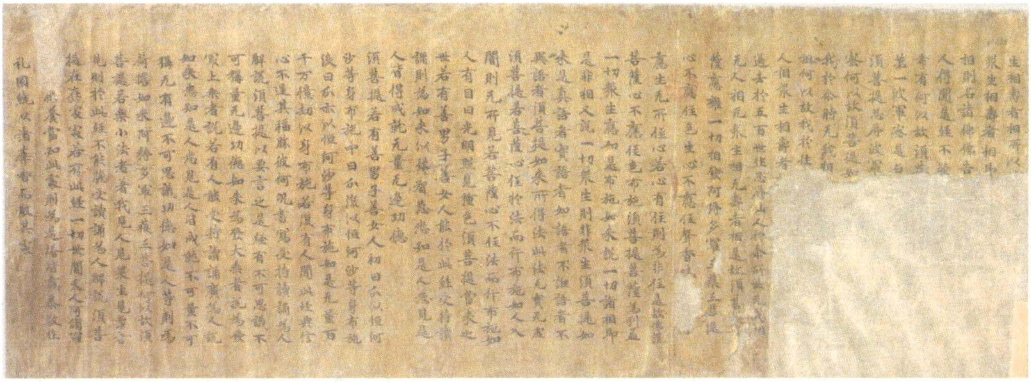

P.T.235藏文写经

6. 梵文

是古印度使用的一种文字，敦煌藏经洞有发现。

7. 古藏文

又称吐蕃藏文，见于吐蕃统治时期的文献中，是7世纪时期在吐蕃西藏地区流行开来的一种语言文字，是一种拼音文字，在藏经洞有大量保存。

8. 回鹘文

是公元9世纪回鹘西迁后至14世纪左右所使用的文字，来源于中亚的粟特语。其语言属于阿尔泰语系突厥语族中的东支。历史上回鹘文对周围民族的文化发展产生过很大的影响，在元代回鹘文被蒙古人采用，经过变化改动后形成今天的蒙文。16世纪后满族人又从蒙古人那里接受了这种文字，形成满文。敦煌藏经洞有大量的

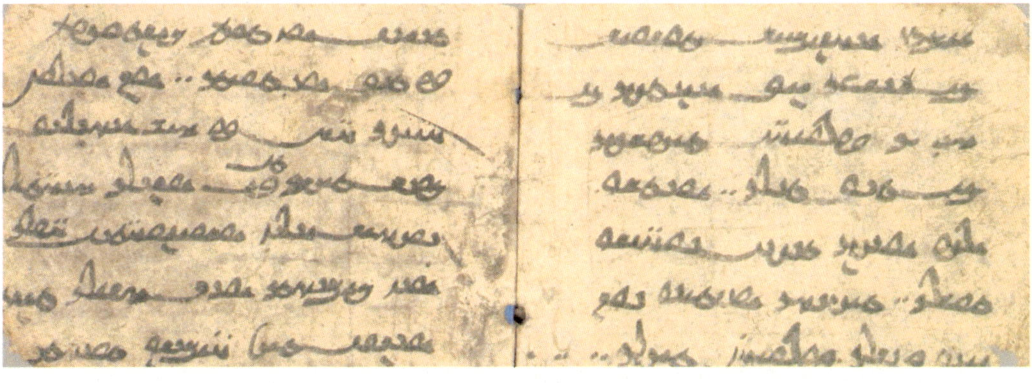

P.3509回鹘文善恶两王子故事

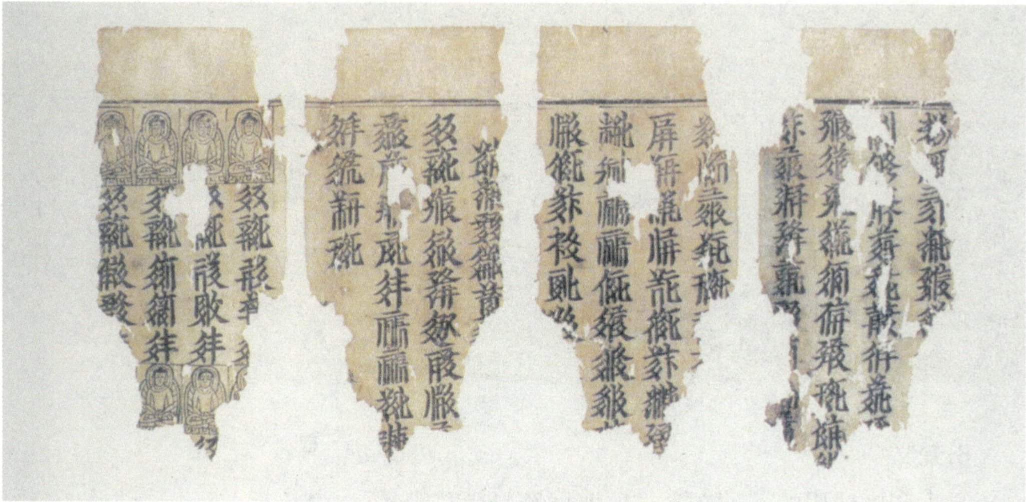

西夏文写经

保存，洞窟壁画中也有为数不少的遗存。

9. 西夏文

又称蕃文，是西夏党项人的语言文字。是西夏国主李元昊命大臣野利荣仁创制，于1036年颁布施行。属于表意文字，共六千字，字体方整，结构仿汉字。在敦煌藏经洞没有发现，但在莫高窟北区石窟和晚期洞窟壁画中大量见到，黑水城遗址发现了西夏人的图书馆。

【件件是精品，样样是国宝】
藏经洞艺术品大观

藏经洞艺术品主要是先后不同时期产生并流行于敦煌地区的绘画品，如有绢画、麻布画、纸画，也有丝织物如彩幡、刺绣等，又有木雕艺术品。需要说明的是，藏经洞这些艺术品的发现大多为极其珍贵的艺术品，由于这些艺术品特殊的质料，是相当难以保存下来，更何况是保存的内容和数量如此丰富、历史如此悠久的绘画艺术品，在国内外其他各地极其少见，因此有着无法估量的价值。

稀世珍宝藏经洞绢画和麻布画

绢画是指绘制于绢上的图画，麻布画是指绘制于麻布上的图画，这是中国古代绘画的一种常见形式。藏经洞发现绢画共计400副左右，麻布画共计200副左右，这些绘画品现主要分藏于英国伦敦大英博物馆、印度新德里国立博物馆和法国巴黎吉美博物馆三处，俄罗斯也有为数不少的藏品，另在中国、日本、美国等地均有数量不等的收藏。这些绘画品时间上至初盛唐，下至宋中晚期。绘画内容与题材几乎包括了敦煌石窟壁画艺术所包含的内容与题材，有尊像画、经变画、说法图、佛教史迹画、佛传故事、世俗供养人等等。大小不等，巨幅画可达两三平方米，小者仅几平方厘米，但均保存完好，色彩鲜艳如初。从艺术的角度来讲，敦煌绢画和麻布画，大多为上乘之作，线条刚劲有力，着色适当、协调，在艺术成就上和敦煌壁画艺术不相上下，二者无论在内容题材，还是表现方式、构图、笔法用色等方面均相一致，显示了敦煌壁画和敦煌绢画、麻布画等共同为敦煌绘画艺术不可分割的关系。

敦煌绢画和麻布画的产生，主要是用于供养，是供养人用于还愿、敬佛、礼拜

敦煌绢画树下说法图

敦煌绢画引路菩萨图

而作，这一点可以从画面上所画的供养人和供养人题记得以证明，也可以从大量的幡画作品中得到表现，因为彩幡是专门用作寺院供养的物品。

代表作有：

1. 树下说法图。Stein painting006，唐代。绢本设色，139.0×101.7厘米。大英博物馆藏。这是藏经洞发现的绘画中制作年代最早的之一，保存状态良好，与隋至初唐的洞窟壁画的净土图、说法图形式接近，这种形式是从隋代壁画中一佛二菩萨三尊的简单图式发展起来的。面部描绘注意以形式化的白色块表现高光，与轮廓墨线的使用基本无关，富于装饰味。此图很关心对立体的表现，如各种隐显、穿插的空间关系，它对位置关系的处理在藏经洞诸作品中是最优秀的之一。

2. 引路菩萨图。Stein painting47，唐代。绢本设色。大英博物馆藏。画一菩萨手持引魂幡，身后跟一唐代贵妇人。在中国古代和佛教中相信人死后或上天堂或下地狱，是要看自己在世时的修行与德行而定。画面中贵妇人在菩萨的引导下入天堂净土。贵妇人大袖裙襦，高髻上饰花钿，人物丰满，小嘴，是典型的唐代贵妇人的画像特征。

3. 地藏十王图。唐代。绢本设色。此类图在藏经洞保存较多，现分别于大英博物馆和集美美术馆藏。地藏菩萨，相传他受释迦牟尼佛的嘱托，在释迦牟尼寂灭，弥勒尚未降生成佛之前，自誓必尽度六道众生，拯救诸苦，始愿成佛。为佛教中掌管地狱及六道轮回的大菩萨，因此又被称为“地藏王菩萨”。据称，凡众生在生前如一心供奉地藏菩萨者，便可免诸多罪孽，死后不入地狱受苦，可在六道轮回中得免三涂。相传其显灵说法的道场在安徽省的九华山。又据《宋高僧传》记载，地藏菩萨曾诞生在新罗国王家族，姓金名乔觉，出家后于唐玄宗时来华，在九华山住数十年后圆寂，因肉体不坏，全身入塔。相传九华山的肉身殿，即为地藏菩萨成道处。一般将地藏菩萨都做成头戴五佛冠，身披袈裟，右手持锡杖，左手持如意宝珠或莲花，多结跏趺坐式，也有身骑或安坐“接谛”（类似狮子，但又不是，据说是金乔觉来华时所带的白狗善听），身上以示“六道受苦众生”。其胁侍左为一年轻和尚，法号道明，右侧坐一老者，是道明的生父，一般称为闵公。因地藏菩萨主管地狱之故，敦煌石窟中有十多个洞窟内都把地藏和十殿阎王绘制在一起。

4. 持盘菩萨立像幡。此类长幡在藏经洞保存较多，均为三角形幡头，下缀长短

敦煌绢画MG17664地藏十王图

敦煌绢画长幡

不一飘带形的幡脚，可以用竿挑出，也可以悬挂，是一种特别的供养佛的方式。有些幡特别长，不过考虑到莫高窟的南大像、北大像是非常之高，还是有足够的空间来悬挂的。而制作如此长的幡，也能在经文仪轨中找到依据，比方说若要向药师佛祈愿驱疾去病，就需要做这样的幡。幡像有菩萨像、天王力士像，也有飞天及其他图案纹样。

珍贵的各类纸本白描画样画稿

藏经洞剪纸菩萨像

在藏经洞遗画中，又有200多幅纸本画，分藏于大英博物馆、英国国家图书馆、法国国家图书馆、巴黎吉美博物馆、印度新德里国立博物馆、俄罗斯东方研究所圣彼得堡分所、北京中国国家图书馆及国内外十几个国家和地区的几十处机构单位，也就是说有敦煌遗书的地方就有敦煌纸本画的可能性，其中以白描为主。

敦煌白描画，不仅是敦煌遗画的一种重要组成部分，也是敦煌绘画艺术大家庭的一员，就是说敦煌壁画、敦煌绢画、敦煌麻布画、敦煌纸本白描画几者共同构成辉煌灿烂的敦煌绘画艺术。这些白描画资料大多是散布在藏经洞文献当中，因为有相当一部分白描画是画在佛经等经卷文书的背面，当然并非全都如此。敦煌白描画若以题材内容和表现方式及性质来划分，大体可分为专门用于供养的，同壁画、绢画、麻布画一样，如有各类尊像画等，此类画有纯白描，也有着墨色，还有着淡彩的；专门用于洞窟壁画（或绢画、麻布

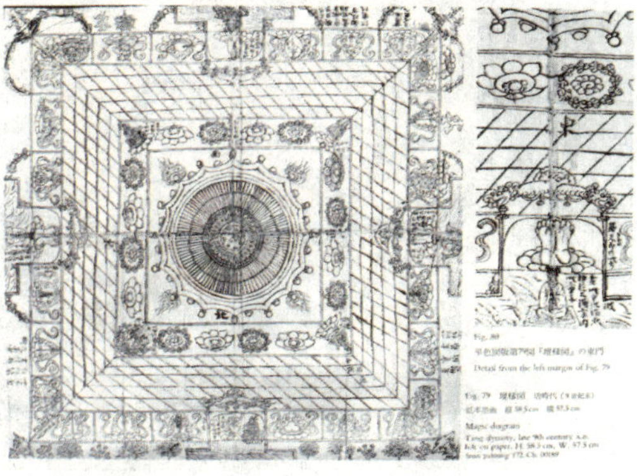

坛样图

咸通九年金刚经插图

画）制作的粉本、小样和壁画底稿，此类画有各类尊像画、经变画、说法图、佛教故事画、供养人等，大多十分草率，仅具其形，只起到一个提示的作用，也有部分粉本刺孔，当然同时又有少量样稿画得极其精美；另一种白描画是穿插在佛经当中用于解说经文的，如佛说千佛名经中等；还有一种白描画是表现和图示佛教内容与意义的，如坛城、曼荼罗；至于画工、书手们的信手随意之作也零星可见。各种印本尊像和雕版本佛画，也是敦煌白描画的重要组成部分，这种画制作简单，又方便易于携带，很适合于人们普遍的供养和尊像崇拜心理，因此在晚唐五代宋时大量流行。

在这些白描画当中，当数第二类最为珍贵，因为大量敦煌粉本、小样、壁画底

S.0259弥勒经变白描稿

稿的存在和发现，为我们研究和了解敦煌洞窟壁画艺术的产生与发展有着极其重要的意义和价值，为解决中国绘画艺术史上特别是洞窟壁画艺术史上，以及敦煌历代画匠与画院组织等重大问题提供了最为直接的第一手资料，是中国画史上少有的现象。

S.P.163高僧写真像

代表作有：

1. 剪纸形持幡菩萨立像。纸本、墨画，30.0×21.2cm。10世纪（五代—北宋）。1908年伯希和探险队发现于敦煌莫高窟藏经洞。法国国家图书馆藏。目、鼻、口、胸饰、裳襞乃至背景轮廓都切出来，技法很罕见。从持物、姿态上看，应该也是引导死者前往阿弥陀净土的观音引路菩萨。

2. 坛样图。Stein painting173，纸本、墨画，58.5×57.5cm。9世纪末（唐）。1907年斯坦因探险队发现于敦煌莫高窟藏经洞。大英博物馆藏。这是象征诸尊的三昧耶曼荼罗的一种，从画面书写的内容来判断，原来应是修法坛的样式图一类的东西。中央大法轮上标记方位，周边的带状区域内配置四尊（四隅）和宝珠、莲花十六座。四尊旁写有字，其中三尊可判明为梵天、帝释天和大黑天，还有一尊名称不明。尚未找到在曼荼罗的四隅描绘四尊的其他例子，十六座应该意味着金刚界曼荼罗的十六大菩萨。十六座的外侧描着瓦形的线，西北角记“金绳解道”四字。这一部分比其他区划宽，应意味着修法之际咒师的通路。外周四面设计了“凸”字形的四门，门类描绘手印、足印和尊像，四边其余部分分割为24个区划，表现尊像和标志。它们或许意味着种种护法神。这张纸折叠过，这可能脱离了图像本来的功用，作为一种护符随身携带护身用。

3.《金刚般若波罗蜜经》插图八大金刚像。纸本、墨画，15.9×11.5cm。905—907年（唐）。制作于四川成都。法国国家图书馆藏。描绘八大金刚，现在有三页已残，保存下来的部分分别是第四白净水金刚、第五赤声金刚、第六定厄金刚、第七业贤金刚、第八大神金刚五身，以及听佛说法的二菩萨、一比丘。其样式与10世纪初四川成都书写的其他经典有共同点，因而本经可能也是其中一员。

4.《弥勒下生经变稿》。S0259，现藏大英博物馆，正面为《金刚般若波罗蜜经》，背面为“弥勒下生经变”白描画稿，主要画的是“弥勒世界诸事”情节，有“一种七收”、“树上生衣”、“婚嫁图”、“老人入墓”、“路不拾遗”等情节。

5.高僧像。Stein painting163，纸本画，白描。画一高僧坐于一毡毯上，作禅修状，后有树上挂包，侧有双履图。人物八分面，神情宁静安逸，绘画至为精美，是敦煌白画代表作。另外该图也是一幅人物邈真像，因此意义特殊。

敦煌藏经洞藏唐代刺绣凉州瑞像

巧夺天工的刺绣与彩幡

藏经洞发现的丝织物中主要有彩幡的三角形幡首、两侧挂悬的幡带，也有用于包裹经卷的经帙，还有用于寺院或洞窟悬挂的长长的彩幡，及部分刺绣，制作的材料主要有绢、绮、纱、罗、绫、锦等。

代表作如：

1.凉州瑞像刺绣，大英博物馆藏。出土于藏经洞，时代较早，应为初盛唐作品。一佛二弟子二菩萨五尊像，均为立像，背景为山，是典型的河西地区历史上流行的凉州瑞像。作为刺绣作品，极为少见。供养人是典型的初唐风格。

敦煌莫高窟出土北魏刺绣

2.北魏刺绣，敦煌研究院藏。发现于

藏经洞出土长幡

莫高窟洞窟前沙土中，时代为北魏，为国内外现存较早的刺绣作品，极其珍贵。佛说法图，有发愿文，供养人造像清楚，有西域胡风，主要表现在人物服饰方面。

3. 长幡，藏经洞发现此类长幡较多，最长者可达三米余，主要是寺院和洞窟悬挂使用，制作精美，上面往往是飞天或菩萨像。

书法宝库——藏经洞写经体

敦煌藏经洞遗书可谓是中国古代书法资料库，藏经洞所出经卷文书，主体是墨迹写本，数量达几万卷，又是以敦煌本地为主的分别写于不同时期的，上自东晋，下迄北宋初年达七百多年的书法真迹，绝无仅有。在敦煌写本发现之前，传世书法作品凤毛麟角，极少存在，因此敦煌写本显得尤为难得与珍贵。敦煌自从东晋以来，由于佛教的发展和需要，形成了具有地方特色和自成体系的“敦煌写经体”，这种体是由专门从事抄写佛经的经生首创并相沿系。另外敦煌写经中可以看到盛行于中国中古时期各时代的书法体例，如有魏晋的草书、北朝的隶意仍浓的法体、唐

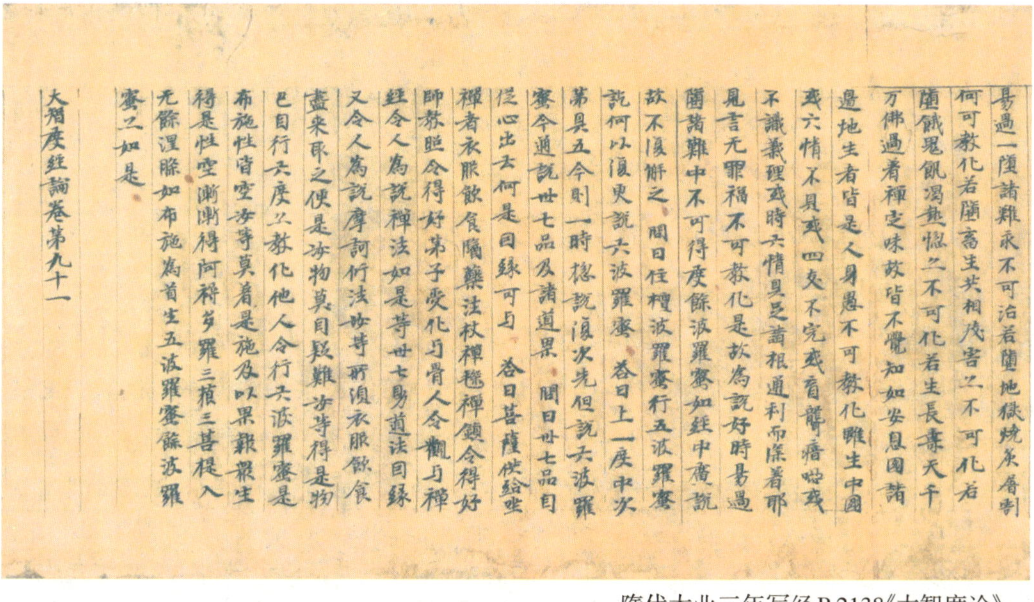
易過一墮諸難永不可治若墮地獄燒炙屠割
何可教化若墮畜生共相殘害亦不可化若
墮餓鬼飢渴熱惱亦不可化若生長壽天千
万佛過着禪定味故皆不覺知如安息國諸
邊地生者皆是人身愚不可教化雖生中國
或六情不具或四支不完或盲聾瘖啞或
不識義理或時六情具足諸根通利而深着耶
見言无罪福不可教化是故為說好時易過
墮諸難中不可得度餘波羅蜜如經中廣說
故不復解之　問曰住禪波羅蜜行五波羅蜜
說何以復更說六波羅蜜　答曰上一度中次
第具五今則一時總說復次先但說六波羅
蜜今通說卅七品及諸道果　問曰卅七品自
從心出云何是因緣可與　答曰菩薩供給坐
禪者衣服飲食醫藥法杖禪鎮禪毱令得好
師教照令得好弟子受化與骨人令觀與禪
經令人為說禪法如是等卅七助道法因緣
又令人為說摩訶衍法汝等所須衣服飲食
盡來取之便是汝物莫自疑難汝等得是物
已自行六度亦教化他人令行六波羅蜜是
布施性皆空汝等莫着是施及以果報眾生
得是性空漸漸得阿耨多羅三藐三菩提入
无餘涅槃如布施為首生五波羅蜜餘波羅
蜜亦如是
大智度經論卷第九十一

隋代大业三年写经P.2138《大智度论》

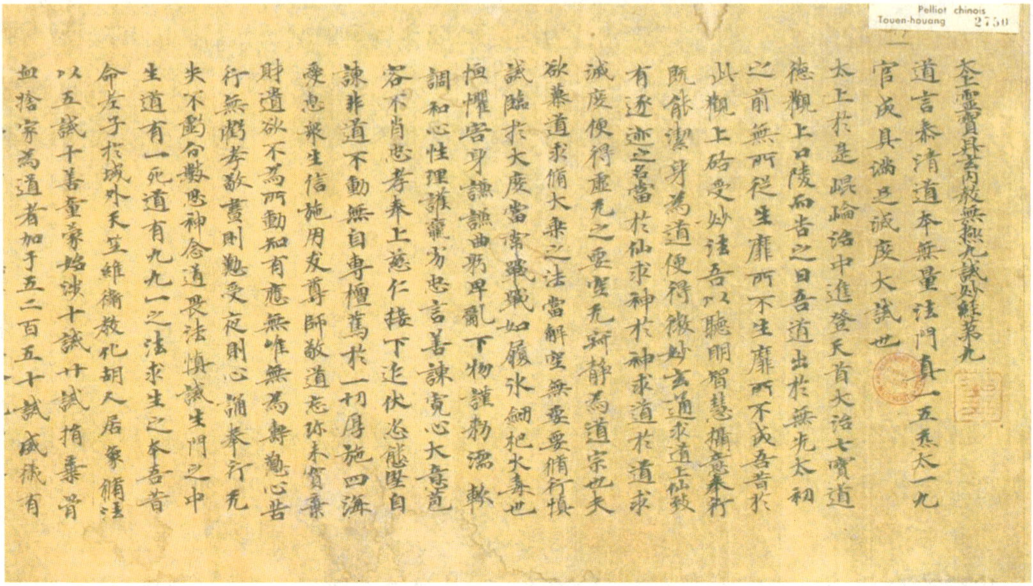

藏经洞道教写经P.2750《太上灵宝升玄内教经》

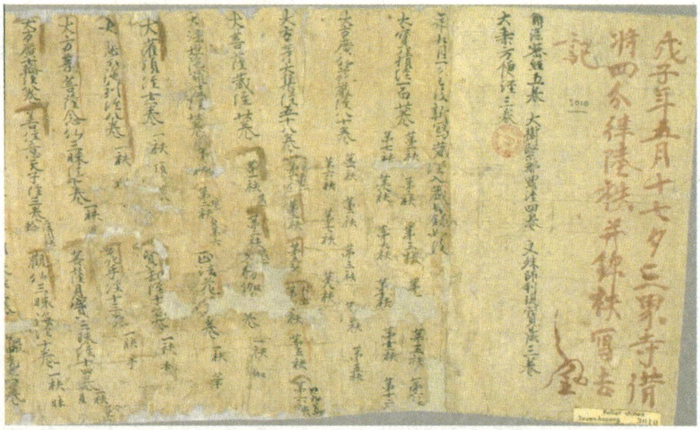

P.3010《三界寺经目》

人的楷书、行书和草书等体，又有独特的如飞白体、鸟虫书、篆体。同时在敦煌遗书中发现有如后人临写的中国历史上的大书法家王羲之、智永等诸帖的发现，以及敦煌唐以前名家体例的大量存在，等等。另外甘肃藏敦煌文献当中，更是书法价值之高，非同一般，因为甘藏敦煌文献大多为早期北朝写本，是其他所藏敦煌文献所不及者，加之甘藏敦煌文献的时间跨度大，各体皆有，特别是有“简书”向“经书”的过渡体、隶书向楷书转化的“隶楷体”、部分唐代宫廷写经等等，可谓异彩纷呈。此外敦煌写本中硬笔书法的广泛存在又是敦煌为书法艺术史的另一伟大贡献，在敦煌写本中大量的由硬笔写成的汉文和各民族文字的佛经，以及各种社会经济文书，时间上也跨越了从早至晚的各个时期。敦煌硬笔书法的发现，证明了在中唐书法史上，从甲骨文到钟金文、石鼓文、科斗文直到秦篆的一脉相承的硬笔书法的发展过程。

方寸之内的敦煌艺术

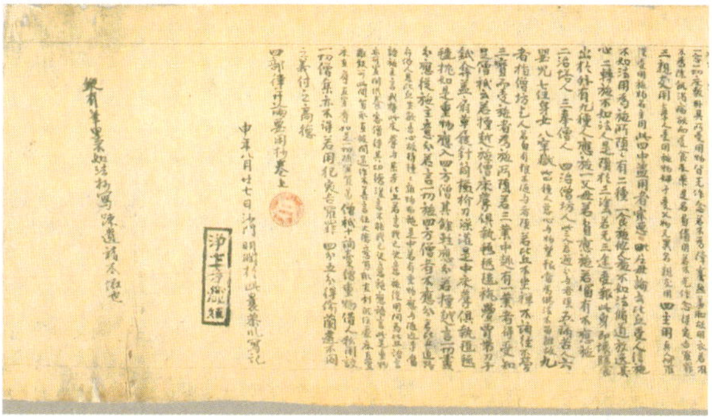

P.2100净土藏经印之沙门明润抄经

在敦煌遗书中，也发现有相当数量的印章文字，大多为河西特别是敦煌历史上的官印，其中又以归义军时期的为多，最为特殊的是诸如“龙兴寺藏经印”、“报恩寺藏经印”、“开元寺藏经印”、“净土寺藏经印”、“三界寺藏经印”、“乾元寺藏经印”、“莲台寺藏经印”、“显德寺藏经印”等，也有特殊的私印，如“李丑儿宅经记”，同时还有“河西都僧统印”、“沙州都僧统印”等寺院僧职印章，此外几种曹元忠、曹延禄等人的“鸟形押”更是少见的印章，还有个人私人画押艺术图形，这些均为其他地方和文献中所不见者或少见

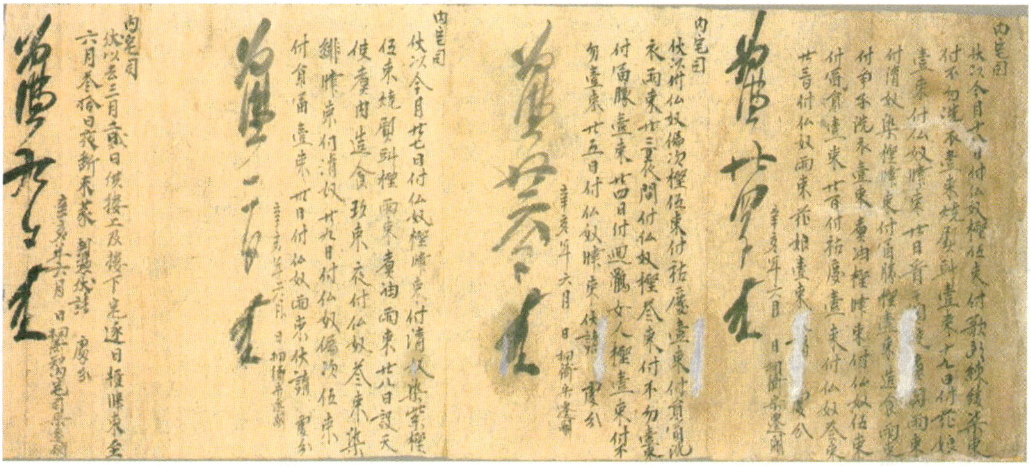

P.3160归义军内宅司柴草曹元忠签押文书

者，因此显得极为珍贵。

木雕艺术

敦煌藏经洞所出木刻艺术品很少，共有20余件，斯坦因所获品中有一尊彩绘木雕佛像和高僧像。伯希和所获木雕共有20多件，其中如有一尊彩绘佛像、两尊彩绘天王像、两只小祭坛，以及若干以单块木头刻成的小佛像和菩萨像。另外俄罗斯艾尔米塔什博物馆也有收藏，是奥登堡考察队在敦煌期间所获。这些木雕艺术品，造型精巧别致，其手法和题材应是和敦煌洞窟彩塑艺术紧密联系，共同构成了丰富多彩的敦煌雕塑艺术。

法国集美美术馆藏敦煌木雕天王像

藏经洞木雕佛像一身

代表作如八臂观音立像木雕，85.5×55.0×31.0cm。9世纪末—10世纪初（唐）。集美博物馆藏。多臂的观音菩萨木雕像在西域也极其罕见。头部上面似乎还有头，可能原为十一面观音。从样式和图像上看，应属于敦煌后期的艺术作品。是敦煌为数不多的木雕尊像之一，极具代表性。

版画艺术

敦煌藏经洞也出土一批各类版画作品，内容有佛、菩萨、陀罗尼等，形式多样，印制精巧，时间从晚唐一直到五代宋曹氏归义军时期，主要是供养功德作品。自从有了雕版印刷技术之后，佛像的制作多快好省，也方便了广大信众。藏经洞还有相应的板子留存。敦煌版画中其中节度使曹元忠发愿雕施的一批作品颇有特色。

藏经洞千佛版画

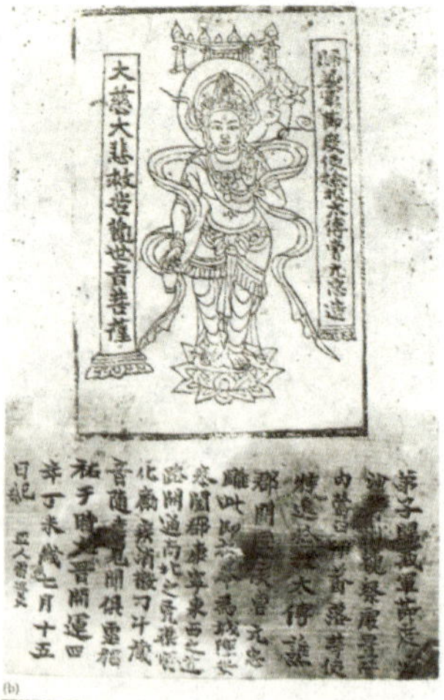

大随求陀罗尼印版

曹元忠雕施毗沙门天王版画

敦煌版画印版

【学术的海洋——敦煌藏经洞】

莫高窟第61窟文殊堂

藏经洞出土了敦煌遗书中最大宗文献，成为研究东汉、两晋、北魏、西魏、梁朝、北周、隋、唐、五代、北宋、西夏、元朝，涵盖各朝代文明的重要资料。敦煌学家姜亮夫教授认为，“整个中国文化都在敦煌卷子中表现出来”。数以万计的古代佛经、道经及世俗文书等，是研究我国近两千年学术文化发展的宝贵文献，历史之积文终成后世之瑰宝，实为我国学术及世界学术之大幸。可惜这些宝卷未能被当时的中国政府重视，多被外国人劫走，使中国文化蒙受了一次巨大的损失。“敦煌者，我国学术之伤心史也”，又是它之大不幸。

“敦煌学”现已发展成为当今世界的一门“显学”，其研究对象为社会科学与自然科学为一体的综合性学科。它的体系结构从大的总的轮廓上划分，可以概括为：史地学、考古学、艺术学、宗教学、文学、语文学、民俗学、古代科学技术、文献学、石窟保护维修科学以及敦煌学等多个分支学科组合而成。

但若仔细划分，就远不是以上的情形。从研究领域看几乎是无所不包：天文、历法、医药(医经、医论、脉学、诊断、药学、针灸、方剂、民间验方、妇科、儿科、伤科、方剂、养生以及祝由医方等)、历史、地理、政治、经济、军事、外交、宗教(佛教、道教、摩尼教、祆教、景教、苯教等)、社会、民俗、民族、哲学、逻辑、经学、诸子、文学、曲艺、戏剧、音韵、语言、文字、音乐、舞蹈、绘画、书法(毛笔书法、硬笔书法兼而有之)、翻译、王朝律令、地方法规、均田文书、争讼、婚姻、结契、农业、水利、畜牧、兽医、印刷、装帧、商业、货币、会计、旅游、纺织、冶铸、建筑、石油、档案、交通、通讯、占卜、相术、榜示、转帖、印章、模拓、拓印、花押等等，范围之广，几乎无所不包。尤其难得的是有大量失传的古佚文书，大大丰富了我国文献宝库。其书写文字，除汉文之外，还有法卢文、粟特文、突厥文、梵文、于阗文、龟兹—焉耆文、波罗文、吐蕃文、回鹘文、希伯来文(其他洞窟中还出土有西夏文、蒙古文)等，多是久已失传的民族古文字。此外，还发现了晚唐、五代及北宋刻本印刷书籍、绘品。在绘画史、艺术学、佛教美术、版画学、丝织印染等研究方面也都有很好的资料。价值之大，无与伦比，被学术界誉为“古代学术的海洋”，因而，与商周甲骨文，战国、秦、汉、魏、晋简牍及明清满文旧档，并列为我国近代学术史上的四大发现。 这座出土了大批古代文物的暗窟，由于保存了大批古代文献而获得“藏经洞”之名。

在今天，对中国历史研究的各方面，可以说都要或者说都可以用到敦煌藏经洞资料，敦煌资料是直接的第一手资料，在说服力上有其他历史文献资料所不可代替的作用，因此离开敦煌资料研究中国古代历史，必将会有所缺憾。

进行佛教研究，更是离不开敦煌资料，因为在敦煌藏经洞保存了大量的在《大藏经》或其他经藏中所没有收录的，甚至有在传统资料中所不可能有的佛学资料，

莫高窟崖壁现状

如著名的禅宗文献《历代法宝记》、《楞伽师资记》就是代表例子，唯有敦煌藏经洞所独有；敦煌本《六祖坛经》保存了最为古老的版本；大量的所谓"疑伪经"也只有在敦煌藏经洞见到；《敦煌藏外佛教文献》就更是这方面的典型事例。另一方面敦煌藏经洞也为我们留下了大量的当时敦煌地区寺院、僧人、僧俗、佛教与政治等各种活动的第一手资料，是研究佛教发展史的最好资料。同时敦煌藏经洞保存了敦煌地区佛教发展的几百年的历史，记录了敦煌本地著名僧人大德的思想、语录和宗教活动，以及敦煌地区与周边地区的宗教关系，具有极其珍贵的研究价值和意义。

【藏经洞文物的收藏】

敦煌藏经洞宝藏大半在国外

藏经洞文物共计有近五万件，自从藏经洞发现以来，就开始向外流散，现大半流散于世界各地的各大博物馆和图书馆，以及私人手中，只有一小部分保存在国内博物馆与图书馆，也还有一部分至今仍收藏在私人手中，有的甚至下落不明。

收藏于国外的部分：

对于此问题，笔者主要利用了敦煌研究院敦煌遗书目录学专家施萍婷先生和邰惠莉女士的研究成果，在此致谢。

我们以各洲区和国家为单位，分别进行介绍如下：

一、欧洲

1.英国

A.英国国家图书馆：计有汉文写本和少量印本13677件，为斯坦因收集品。

B.英国国家博物馆：计有80余件绢画、纸本画、木版画、染织品，为斯坦因收集品。

C、维多利亚—阿尔伯特博物馆：具体不详。

2.法国

A.法国国立图书馆：计有4000余件汉文（P.2001-6038）写本，2000号藏文写本（P.0001-2000），另外有伯希和在莫高窟北区石窟464、465等窟中发现的363件回鹘文写本、200件西夏文写本和13件梵文写本，均为伯希和收集品。

B.法国集美博物馆：计有220余幅各类绘画品，21件木雕造像、丝织品、画幡和经帙，为伯希和收集的敦煌艺术品。

甘肃博物馆藏《报父母恩重经变》绢画

3. 俄罗斯

A. 圣彼得堡东方学研究所：有近20000件汉文残件，200余件藏文写本，少量梵文及其他文字写本，130余件绢纸绘画品，为鄂登堡敦煌收集品。

B. 国立艾尔米塔什博物馆：壁画残片16件，壁画断片61件，绢画50件，麻布画69件，纸本画39件，雕塑品34件，丝织工艺品50件，计有350余件，为鄂登堡敦煌收集品。

4. 德国

A. 德国国家图书馆：具体不详。

B. 印度艺术博物馆：具体不详。

C. 巴伐利亚州立图书馆：计有3件佛经，一件为德国人购自天津，另二件来历不明。其中有一件为唐宫廷写经。

D. 人种学博物馆：具体不详。

E. 不莱梅海外博物馆：具体不详。

5. 丹麦

A. 哥本哈根丹麦皇家图书馆：计有14件敦煌汉文写本，编了16个号，是由丹麦商人索雷森1915年购自敦煌。

6. 瑞典

A. 斯德哥尔摩瑞典国立人种学博物馆：数字不详，是出自于莫高窟北区石窟元代洞窟。

7. 芬兰

A. 赫尔辛基大学图书馆：具体不详。

二、亚洲

1. 日本

A. 龙谷大学图书馆：计有43件，及27件残片，为大谷探险队收集品。

B. 东京国立博物馆：个体数字不详，其中有几卷写本，一件为收购罗振玉旧藏，别的为大谷探险队收集品；几幅绢画，是与法国集美博物馆交换的伯希和收集品。

C. 藤井有邻馆：计有60件写本，是为何彦升旧藏，后由日本人收购。

D.京都国立博物馆：计有72件写本，是为日本人收购李盛铎旧藏。

E.书道博物馆：自称有350件，没有全部公示，其中有5件敦煌写本被日本政府列为“重要文化财”，是中村不折氏旧藏。

F.静嘉堂文库：具体不详。

G.三井文库：计有112件写本，为张文建旧藏，后由日本人收购。

H.国立国会图书馆：计有42件写本，可能有非敦煌者，原为滨田海德、李盛铎是旧藏，后收购藏于此。

J.宁乐美术馆：计有2件，三种写本，另有大量的吐鲁番文书，其中敦煌品原为中村子不折氏、李盛铎旧藏。

K.唐招提寺：42件，来历不明。

L.天理大学图书馆：1伯纸本画，共有84件敦煌文物，其中有不少的西夏文，原为张大千、罗振玉旧藏，部分为大谷探险队收集品，大多非出自藏经洞，而是来自莫高窟北区石窟。

I.九州大学文学部：计有5件，原为田中三男和罗振玉旧藏。

法隆寺：只有藏《付法藏因缘传》1件，来历不明。

武田科学振兴财团：具体不详。

大东纪念文库：14件，不详。

药师寺：具体不详。

五岛美术馆：具体不详。

东京大学东洋文化研究所：11件，来历不明。

白鹤美术馆：2幅绢画，购自中国。

李木斋氏鉴藏敦煌写本目录：该目录收有432件李盛铎旧藏目录索引，是以八万日元售诸日本，现不知所藏地。

2.韩国

A.汉城国立中央图书馆：收藏有大谷探险队的部分美术品与写本，数量不详。

3.印度

A.印度国立博物馆：计有500余件美术品和2件写本，为斯坦因敦煌收集品。

B.印度事务部图书馆：约有1500号藏文、梵文和于阗文写本，为斯坦因收集品。

4. 土耳其

伊斯坦布尔大学图书馆

三. 美洲

1. 美国

A. 哈佛大学福格艺术博物馆：彩塑1尊，壁画十余幅，写本2件，为华尔纳收集品。

B. 哈佛大学赛克勒博物馆：3件，华尔纳收集品。

C. 华盛顿美国国会图书馆：9件，来历不明。

D. 普林斯顿大学葛斯德图书馆：计有83件，大部分为写本残卷，少部分为绢纸绘画残片。

E. 华盛顿史密斯学会弗利尔美术馆：1件纸本画《水月观音像》，叶昌炽旧藏。

F. 哈佛大学艺术博物馆：1件宋代观音菩萨像，温斯普罗旧藏。

G. 波斯顿美术博物馆：1件刻本文殊师利像，来历不明。

H. 芝加哥大学远东图书馆：3件，不详。

K. 纽约大都会艺术博物馆：2件，为开运四年曹元忠造观音菩萨像和刻本《文殊师利像》，一件为伯希和收集品，一件不明。

芝加哥自然史博物馆：1件，不详。

哥伦比亚大学图书馆：1件，不详。

国内收藏仅约三分之一

敦煌藏经洞文物在国内收藏的部门也不少，总数共计约20000件。还有一些收藏单位和数目不详。也有仍流传在民间和私人手中的，直到现在仍不时有人拿出几卷不等，或捐赠或出售。下面我们以分省的方式介绍。

1. 北京

A. 中国国家图书馆：共计16000件，以佛经写卷为主。主要来源有二：1910年敦煌藏经洞被劫余文物8700余件运至北京；1954年1月原收藏于旅顺历史博物馆的大谷探险队的620件汉文和藏文敦煌写本调入；另有少量的征集品。

B.北京大学图书馆：计有205件，主要为汉文写本，也有于阗文和回鹘文。全为收购、征集所得。

C.中国历史博物馆：数量与目录没有公布，有写本也有绘画。分别来自北京图书馆的赠品、罗振玉旧藏、收购、征集。

D.故宫博物馆：数量和目录均未公布，有写本也有绘画品。为收购和征集所得。

2.甘肃

A.敦煌研究院：386件，分别为1944年土地庙出土遗书；民间征集；40年代购自北京的部分；张维旧藏；1997年日本人青山庆示捐赠；三件非藏经洞出土的元代写本；2002年一老乡的捐赠。另在敦煌研究院藏有数量极多之藏文梵夹几大箱，非藏经洞。此外莫高窟北区石窟发现的万件也未全部公布。

B.敦煌市博物馆：计有81件，为民间征集、张维、窦景椿等旧藏。

C.酒泉市博物馆：18件，为民间征集。

D.高台县博物馆：6件，民间征集。

E.张掖市博物馆：1件，民间片集。

F.武威市博物馆：具体不详。

G.永登县博物馆：4件，民间片集。

定西县博物馆：10件，初由在敦煌为官的定西籍人氏购自敦煌，后归定西人氏郭杰三，20世纪80年代由郭氏转赠。

甘肃中医学院：3件，征集。

甘肃省图书馆：31件，孔宪廷、慕寿琪等人旧藏，部分为民间征集。还有部分的藏文写本至今详细未公布。

甘肃省博物馆：138件，1949年以后民间征集，另有慕寿琪等旧藏，也有一件精美的《佛说报父母恩重经变》绢画。

西北师范大学历史系：19件，另有4件藏文写本，为民间征集所得。

3.辽宁

A.旅顺博物馆：9件，为大谷探险队收集品。

B.辽宁博物馆：100余件，除汉文写本外，还有部分的回鹘写本。主要为吴士鉴旧藏，以及民间征集收购所得。

4.天津

A.天津艺术博物馆：300余件，大部分为汉文文书及佛典，另有部分藏文写本。主要有1979年周叔捐赠256件，也有征集品。

B.天津市历史博物馆：25件，主要为李盛铎旧藏，及征集收购品。

5.山东

A.山东省博物馆：具体不详。

6.安徽

A.安徽省博物馆：具体不详。

7.江苏

A.南京博物院：36件，分别来自：1942年敦煌收购、历年征集与收购、国内其他文物单位的捐赠。。

B.苏州戒幢律寺：2件，来历不明。

C.南京图书馆：32件，是1950年图书馆成立后私人捐赠及收购所得。

D.金陵刻经处：1件，原在支那内学收藏。

8.上海

A.上海图书馆：189件，多为汉文写本。来源于：20世纪50年代上海市文物保管委员会捐赠；1960年上海博物馆捐赠100件；康有为、张维、罗振玉、陈、袁克文、叶恭绰、许承尧、吴士鉴、李盛铎、何彦升等人旧藏，以及部分征集品。

B.上海博物馆：80件，多为书法精品。分别来自：20世纪50年代上海市文物保管委员会捐赠；陈、许承尧、袁克文、王树楠、吴士鉴等人旧藏，以及民间征集。

C.上海玉佛寺：2件，不明。

D.上海龙华寺：10余件，收购。

9.浙江

A.浙江省博物馆：40件，为私人捐赠、征集和收购所得。

美国弗利尔美术馆藏敦煌水月观音像

B.浙江省图书馆：20件，为收购所提。

C.杭州灵隐寺：具体不详。

10.广东

A.广东省中山图书馆：具体不详。

11.四川

A.四川省博物馆：具体不详，有一幅《报父母恩重经》绢画。

B.四川大学图书馆：具体不详。

12.香港

A.香港中文大学博物馆：具体不详。

13.台湾

A.台北中央图书馆：156件，为李盛铎、许承尧、袁克文、张继等人旧藏。

B.台北历史博物馆：具体不详。

C.台北中央研究院历史语言研究所：数量不清，是1944年向达等西北考察团在敦煌时从民间收购。

14.国内散藏可知者

A.杭州私人收藏：3件，原在支那内学藏。

B.上海私人收藏：2件，具体不明。

C.安徽石谷风收藏：约有100件，多为残片。

【藏经洞宝藏出版物大观】

敦煌藏经洞的文物虽然多半藏在国外，国内的收藏也十分分散，对人们实际考察和参观造成了极大的不便，但到目前为止，大多半已经通过影印出版的方式面世，是我们今天了解各地所藏敦煌藏经洞文物的最佳途径。

艺术品出版物

1921年斯坦因在伦敦出版《千佛洞——中国西部边境敦煌石窟寺所获古代佛教绘画》(The Thousand Buddhas)，也称为《千佛图录》，其中收录了斯坦因所获十分精美的绢画等共计48幅彩色或单色图版。

又在同一年，斯坦因出版了《西域考古记》，音译作《塞林迪亚》(Serindia)，共五卷。

1931年大英博物馆与印度政府联合出版了英国人魏礼著《斯坦因敦煌所获绘画品目录》（A Catalogue of Paintings Recovered from Tunhuang by Sir Aurel Stein）一书，是了解斯坦因收集敦煌藏经洞绘画的最基本资料和工具书。

1937年日本松本荣一先生在其敦煌学巨著《敦煌画的研究》中总共收录和利用了其中的223幅包括绢画、纸本画、白描等，内容涉及敦煌遗画的各个方面，有每一幅的图录参考。

《西域美术》书影

1940年至1941年东京审美书院出版了由日本人结城素闻编著的《西域画聚成》，共十五辑，五十九叶图版，刊布了英、法、德等国所藏敦煌、吐鲁番、库车、和田等地出土的绘画精品。

1970至1976年出版了由法国韩百诗领导的法国法兰西学院亚洲研究所和高地亚洲研究中心主持编写的《伯希和探险队考古资料丛刊》（Mission Paul Pelliot，documents conserves au Musee Guimetet a la Bibliotheque Nationale：Documents archeologiques）。

1974和1976年法国巴黎阿德里安·梅松纳夫书店分别出版了由法人韩百诗主持，尼古拉-旺迪埃（Nicole Nicolas-Vandier）等编写的《集美博物馆所藏敦煌绢幡绘画解说》（Bannieres et peintures de Touen-houang conservees au Nusee Guimet）和《集美博物馆所藏敦煌绢幡绘画图版》（Bannieres et peintures de Touen-houang conservees au Nusee Guimet Pianches），列为《伯希和探险队考古资料丛刊》第XIV卷，系统整理伯希和敦煌绘画，共注录二百十六号。

1978年饶宗颐先生编著第一部对藏经洞白描画进行研究的大作《敦煌白画》一书，是国内外第一次对敦煌白画的整理研究。

1982年至1984年由英国博物馆与日本讲谈社联合在东京出版了由英国敦煌学专家韦陀先生主编的《西域美术·大英博物馆藏品》共三卷，选印现藏于英国博物馆和英国图书馆东方写本与图书部的斯坦因三次中亚探险所得绘画品、丝织品等。

1986年韩国汉城三和出版社出版了由韩国国立中央博物馆编著的《中亚美术——国立中央博物馆所藏》一书，本书刊布了一百二十五幅彩色图版，包括大谷收集品中从敦煌、吐鲁番等地获得的绢画、纸本画、壁画等。

1990年英国博物馆出版公司出版了由韦陀与法瑞尔合编的《千佛洞——丝绸之路上的中国艺术》，主要为敦煌绢画、纸本画和版画、丝织品。

1994年至1995年由法国吉美博物馆与日本讲谈社联合出版了由法人吉埃编，日本秋山光和等译的《西域美术—吉美博物馆所藏伯希和收集品》二卷，为吉美博物馆所藏敦煌绘画品的彩色或黑白图版。

上海古籍出版社和俄罗斯艾尔米塔什博物馆联合，于20世纪90年代先后出版了《俄藏敦煌艺术品》6册，包括各类艺术品350件，莫高窟历史照片1030多幅。

2012年印度出版了新德里国家博物馆所藏敦煌绘画，Lokesh Chandra and Nirmala Sharma: Buddhist Painting of Dun-huang in the National Museum,New Delhl，公布了斯坦因收集敦煌绘画其中藏在印度的部分，一共142幅作品。

文献出版物

1957年伦敦英国博物馆董事会出版了由翟林奈编《英国博物馆藏敦煌汉文写本注记目录》(Descriptive Catalogue of the Chinese Manuscripts from Tunhuang in the British Museum)，著录斯坦因收集品中的敦煌文献。

1970至1995年法国出版的《敦煌汉文写本目录——法国国立图书馆藏伯希和汉文文库》(Catalogue des manuscrits chinois de Touen-houang)，已出版有第一、三、四、五册。

印度新德里国家博物馆藏敦煌绘画书封面

而对藏经洞文献的影印出版，主要由国人完成：

现在最为全面的是20世纪80年代由台湾新文丰出版公司的黄永武博士主编《敦煌宝藏》150余册，分别影印了大英图书馆、法国国家图书馆、北京中国国家图书馆三地所藏汉文敦煌文献。

20世纪90年代由中国社会科学院历史语言研究所、中国敦煌吐鲁番学会等单位，联合英国国家图书馆、英国伦敦大学亚非学院等，由四川人民出版社出版《英藏敦煌文献（佛经以外部分）》全十五卷。

而在这方面贡献最大的当属上海古籍出版社。

经过十多年的努力，敦煌藏经洞文献的半数已由上海古籍出版社整理出版。这套总名为《敦煌吐鲁番文献集成》大型资料丛书，使流失海外长达一个世纪的藏经洞文献大部分通过影印出版的形式回归祖国。上海古籍出版社从1989年开始同当时苏联列宁格勒的东方研究分所进行《俄藏敦煌文献》谈判，开始进行《敦煌吐鲁番文献集成》出版筹备工作，并组建专业编辑室。经过10余年努力，古籍出版社目前已完成俄法等地所藏敦煌吐鲁番文献的出版，加上国内北京、天津、上海各家博物馆、图书馆收藏的敦煌吐鲁番文献多册，目前总数已达47册，发表流失在俄国、法国的有关材料已经有2万多件，占藏经洞流失海外的文献的一半。主要包括《俄藏敦煌文献》、《法藏敦煌西域文献》、《国家图书馆藏敦煌文献》、《北京大学藏敦煌文献》、《天津艺术博物馆藏敦煌文献》、《天津市博物馆藏敦煌文献》、《上海市图书馆藏敦煌文献》、《上海市博物馆藏敦煌吐鲁番文献》、《俄藏黑水城文献》等。此外国内其他各地也有相应出版：如浙江教育出版社《浙江省藏敦煌吐鲁番文献》，甘肃人民出版社《甘肃藏敦煌文献》等。以上全为豪华精装版，无论在装订、印刷等各方面均表现出一流的出版物的水平，反映出敦煌文献的重要性，与在国内外所受到的莫大的重视。

除此之外，还有其他一些出版物中也有零星或少量部分影印敦煌艺术品或敦煌文献，在此不一一列举。

【何时封宝藏】

关于敦煌藏经洞封闭的时间，学术界自从1900年藏经洞发现以来，有大量的国内外专家学者都从不同的角度作过研究与探讨，成果累累，真可谓是仁者见仁，智者见智，众说纷纭。

大体可以归结为以下几说：

1.公元995年（北宋至道元年）之后说，以伯希和、斯坦因为代表；

莫高窟藏经洞三层楼顶层洞窟第366窟南壁藏经洞

2. 公元1002年稍后说，以藤枝晃、何昌林为代表；

3. 公元1002—1014年之间说，以贺世哲为代表；

4. 公元1002—1030年之间说，以白滨为代表；

5. 公元1006年之后说，以荣新江为代表；

6. 公元1030—1035年之间说，以毕素娟为代表；

7. 公元1035年西夏攻破沙州之前说，以罗振玉、姜亮夫、阎文儒为代表；

8. 公元1049—1054年（皇祐年代）之后说，以陈垣、石璋如、马世长为代表；

9. 公元1094—1098年（绍圣年代）说，以殷晴、谭真为代表；

10. 公元1228年前（蒙古军攻战敦煌之前）说，以关百益为代表；

11. 公元1348—1368年（元明之际）说，以张维为代表。

综观以上诸说，其实大的范围内可以发现，藏经洞封闭时间可分为曹氏归义军晚期西夏占领敦煌以前，西夏占领敦煌之后，以及元、明时代四个时间段。其中元、明之说证据不足，均是一家之言，无人响应，几不成立；西夏占领敦煌之后说也显过于主观，学界认同不多；现在学界基本认为以曹氏归义军晚期说为藏经洞封闭时间段，具体和详细的年代划分，虽然各有区别，仍需进一步讨论，总的来讲都在离事实更近了一步。

以上诸说，多以躲避战乱为前提，或云西夏威胁，或云喀喇汗王国威胁，或云蒙古威胁，或云元末战乱；只有藤枝晃、方广锠认为藏经洞的封闭，属正常的废物淘汰，与战乱威胁无关。

由于无法找到明确的时间记载，也无法提出十分充分的证据资料，因此藏经洞封闭时间仍是学术之谜，而且从现在学术研究的情况看，这个谜很有可能将会成为历史悬案。

【藏经洞封闭原因揭谜】

敦煌藏经洞之所以为20世纪最为重要的考古大发现之一，也是被子和殷墟甲骨、内阁档案大库、居延汉简一起称为中国古文献的四大发现，是因为藏经洞内发现的文物，无论从时间、内容、数量、价值等各方面均堪称独一无二的文献。对于藏经洞，人们最为关注的问题之一，即藏经洞为什么要封闭？古代人们在当时为什么要把这些东西封存于一所小窟内？是出于什么原因或目的。这一问题是我们每个人面对藏经洞所不得不发问，也不得不回答的问题。也正是由于这一问题的重要性和复杂性，自从藏经洞发现以来，国内外的专家学者们同样进行大量的思考与研究，发表了一系列的文章力图回答这一历史悬案。但是一百年过去了，藏经洞封闭原因仍扑朔迷离，仍是个谜。

即使如此，一些学者们还是作过艰苦的努力，大海捞针，作过不同意见的解释与回答，在一步步向真理与事实的殿堂接近。

关于藏经洞的封闭原因，主要流行有五种大的观点：一是避难说，二是废弃说，三是书库改造说，四是佛教供养物说，五是排蕃思想。对于每一种观点，学者们的具体意见与解释又各有不同或区别，下面作简略说明。

避难说

即藏经洞的封闭是因为躲避战争或战争威胁。具体又有以下各种解释：

1.宋曹氏归义军晚期避西夏之乱说

此说由第二个进藏经洞的法国汉学家伯希和所首创，之后国内学者们在此基础上各有发挥，给了种种相似或相近的说明。其中一部分学者们认为藏经洞封闭原因，可能是莫高窟僧人躲避战乱，这部分经籍文书、铜佛法器不便携带而又不忍丢失，乃将其封藏于密室，并在封墙上画上供养菩萨像，以遮人耳目。大多数学者皆主此说。理由之一，通常认为是和尚为躲避西夏的侵袭，而秘藏宝物于洞中。根据是文献最晚的一份是宋咸平五年(1002)，文献中缺西夏文本，如果藏经洞封闭于西夏人占领敦煌之后，在敦煌一定有西夏文字流行，因此在藏经洞没有西夏文的东西是不可以理解的。理由之二，公元1035年，西夏人占领了敦煌。在破城之前，僧人将不便带走的经卷、文书、绣画、法器等物分门别类，用白布包起来，整整齐齐地码放在洞窟之中，然后封闭了洞口，又抹上一层泥壁，再绘上壁画，这些人都因害怕战争而四散逃离，以后没有回来，时间一长，藏经洞之事也就为人们所渐渐地遗忘，一直封存了下来。理由之三，认为在西夏人从河西由东往西战争时，敦煌的僧人们不知道西夏人的信仰，害怕他们来了之后对佛教进行破坏与迫害，因此便把敦煌各寺院中的佛经等佛教类及其他佛教艺术品，一并收集起来，集中封存于藏经洞内。后虽然西夏进入之后仍然信奉佛教，但是由于时间一长，加上西夏人的信仰主要以藏传密教为主，而且其统治的中心与重点在瓜州，佛教重地也由莫高窟转向安西榆林窟，因此藏经洞之事也就无人再提起了。

2. 曹氏归义军晚期避黑汗王朝说

另一种看法的出发点与此相似，不过发动战争的不是信奉佛教的西夏党项人，而是占领新疆塔里木盆地西缘、虎视眈眈的喀喇汗国（黑汗王朝）。该王朝是由中国古代的突厥和回鹘民族建立的，这是新疆第一个信奉伊斯兰教的王国，对于新疆的伊斯兰化起到了巨大作用。他们所到之处毁寺逐僧，敦煌僧侣们感到了威胁。更为直接的事件，也是最大刺激和促使敦煌僧人们进行佛经等佛教宝物封存的原因是1006年信仰佛教的于阗王国被黑汗王朝灭亡。于阗与敦煌曹氏归义军政权关系极其密切，二家互相联姻，常年使节不断，甚至于阗的太子们也都从小就生长在敦煌，在沙州有他们的“太子庄”、“太子宅”，并在莫高窟洞窟及其藏经洞文书中有他们在沙州活动的为数不少的记录，于阗国王李圣天和于阗“天公主”等于阗人的像画入洞窟壁画中，作为洞窟供养人。此外于阗大太子从德并在敦煌为其父于阗国王李圣天营建有功德窟“天子窟”，从德在做了于阗国王后，对黑汗王朝的战争都要写信向在沙州的舅父曹元忠报告。因此可见瓜沙曹氏归义军与于阗的关系非同一般，于阗在当时是曹氏归义军政权有力的外交盟国，二者互为左右臂。既然如此，于阗灭亡于黑汗王国，肯定对处在沙州的归义军政权产生极大的影响，更为重要的是黑汗王国不信佛教，信仰伊斯兰教，如此信仰佛教的敦煌受到了前所未有的威胁，于是僧人们为了以防万一，商议的结果是决定封存各寺院的佛经文书及佛教艺术品。在这种情况下，便于1006年进行了有计划地封存，并在洪辩影堂做些手脚以求掩人耳目。北京大学荣新江教授是主张此说的代表者，也是研究藏经洞的性质与封闭原因的代表学者，影响较大。

不管是为了逃避来自何方的战争威胁，通过对藏经洞的其他各方面的分析与考察，一定程度上也可以找到支持以上说法的蛛丝马迹。

莫高窟16窟甬道的壁画的时代应为曹氏归义军晚期作品，而这一层壁画的重修就是为了掩盖藏经洞所为，因此时代正是藏经洞封闭的时间，再一次表明是在西夏人来敦煌之前封闭的事实，极有可能的原因就是与西夏的战争有密切关系，因为像

表现末法思想的莫高窟第29窟壁画

藏经洞封闭这样重要的事件，在一定的历史时期只有一些大的事件或重要的因素才可以产生如此结果，而战争是最大的可能。

另一方面，为了封闭藏经洞，几乎收集了敦煌地区的所有寺院的佛经文书以及佛教艺术品，同时又整整齐齐地放入洞窟。同时更为重要的是，为了掩盖这一事实，把莫高窟16窟这样的最大窟完全重修了一遍，可见工作进行的用工量之大，也说明了这一活动的有条不紊和准备的充分，因此是敦煌人们的集体性活动，必当是受到大的重要的历史事件的影响所驱使，同样战争是最大的可能因素。

另有一种说法：

藏经洞被打开时，自地下至窟顶，堆满了经卷、彩幡和法器，它们是由敦煌各寺院集中封存在这里的；洪辩的影像不见了，显然是封闭前为了腾空地方、堆积经卷等物被清除出窟外。藏经洞自封闭之后，一直未曾打开，似乎很快就被遗忘，不久洞口甬道的墙壁被绘上了宋代风格的壁画。无疑这是一场非常事件，只可能发生在这样的情况下：洪辩的后辈亲人和崇拜者早已被迫迁往他地，主管沙州军政事务的官员和佛教事务的僧官都已不是敦煌的土著，这种情况只有西夏完全控制沙州，即公元11世纪末才会出现。据史实可知，藏经洞封闭于宋元祐八年（1093），主持封闭者为西夏派驻当地的军、政、僧界官员，封闭原因是防备以伊斯兰教为国教的喀喇汗王朝进攻瓜、沙州时摧毁佛教文物。绍圣四年（1097）初，喀喇汗王朝的军队曾经攻克沙州等地，将西夏的军、政、僧界官员及家属俘虏而去，因此，藏经洞封闭之事不再被人所知，以致西夏收复沙州后，在封闭的石窟上绘以壁画，从而使遗书遗物沉睡了800多年。

废弃说

即藏经洞的宝物是当时的佛教或其他废弃物。

此种说法认为，藏经洞的藏品都是残破、过时、报废之物，在“崇圣尊经”观念支配下，这部分破烂文书、佛画仍然是不可亵渎的“神圣废弃物”。因此，加以收集，予以集中封存。此说以第一个进入藏经洞的西方探险家斯坦因首创并为代表，之后中国学者方广昌也主张此说，并有充分的论证。斯坦因提出，藏经是特意为“神圣废弃物”而进行的。所谓“神圣废弃物”，是印度等地的传统，将因破旧等原因不再使用的佛经等有神圣意义的物品装好、恭恭敬敬地埋藏起来。由于存在这样的做法，考古学家在克什米尔等地发现过装着写在桦树皮上的佛经的坛子，其中还有些使用了非常罕见的古语言。在印度、巴基斯坦和阿富汗等地曾经从事过大量考古发掘工作的斯坦因，对这种风俗自是并不陌生。就是现在，我们身边有些上了岁数的老人还会对字纸十分尊重、敬若神明，如果你见过这样的事情，那么是否认为“神圣废弃物”之说还是有些道理呢？支持此说最有力的证据是在藏经洞发现的佛经、文书等文物中，有相当一部分都是碎片或残片，或为两面写，一面佛经一面社会经济类文书，显然是废纸利用。此外在藏经洞也发现了大量的草稿、手稿、练习本、杂写杂画等基本在当时没有任何意义与价值的东西，完全是废纸。方广昌的观点与斯坦因最接近，前者把时间定在敦煌曹氏政权的某一年，后者认为纸张流通好转的历史环境导致了破旧写本的被废弃。

对于废弃说，可以总结为受以下几个因素和原因的影响：

1. 中国古代纸张非常珍贵，因此中国人一直有敬惜字纸的传统。敦煌地处西陲，则更是如此。据敦煌遗书中的抄经记录，当时抄经时，每人所领纸张均要记录入账，如果抄错，必须凭废纸换好纸，作废的纸也不抛弃，而要留作他用。

2. 佛经经过长时间使用之后，难免会有破损不全的情况，但即使如此，对于这类经典也不能随便处理，而仍是佛教的圣物，要另行收藏起来供养。

3. 从藏经洞发现的大量遗书中可知，敦煌的寺院是经常清点寺内的佛经及各类藏书，查看有无借出没还的，或有无残破而不堪使用的。

4. 发展到宋代时，四川一带的刻本佛典传到敦煌地区，朝廷又颁赐了金银字大藏经，敦煌的经典大为丰富。在这种情况下，大概在曹氏归义军晚期的第七位节度使曹宗寿时（1002—1014），敦煌进行了一次比较彻底的大规模的寺院图书清点活动，将清理出来的一大批无用的另部残卷和各种无用的文书与破纸，一并放入没有绘画佛教壁画的洪辩的影堂现今17窟，封存起来。然后在外面重新画上壁画。由于是一堆无用的东西，自然不会有人把它们放在心上，年深日久，也就不再有人提起，一直封闭了下来。

5. 发展到归义军晚期，纸张的生产大增，流通情况也发生了变化，敦煌一带的纸张不再十分紧缺，加上刻本的进入，于是敦煌人不再想继续使用以前的破旧写本，也不想再作利用，于是就产生了以新代旧的想法，于是将各寺院的旧经典与其他物品一并封存起来。

这种说法认为是作废不用的文书和失去实用价值的卷轴式经卷被封存。佛教不准毁灭经典，封起来可以理解，但作废的文书为何又封存起来作画伪装呢?当然也有人认为是为了改造和重修大窟，第17号窟作为用处不大的小藏宝室堵上，墙外只是常规作画，并非伪装，该说法虽有猜测成分，但也不失为研究藏经洞的一种看法，可资借鉴。

书库改造说

此说由日本著名的敦煌学专家藤枝晃先生首提，他认为公元1000年左右，折叶式的刊本经卷，已从中原传到敦煌，因此敦煌的各寺院就面临着一个改变藏书室位置的任务，以便为折叶式经典使用，这样就把以前使用起来不方便的卷轴式经典等进行集中处理，由于是佛教圣物，不能随意抛弃，于是就以洞窟封存的方式处理了事。也有人补充认为，由于卷轴经典的集中放置，在莫高窟每年多次举行的法会、庙会、斋会及各类宗教庆典会上，或一些重要的佛教节日时，莫高窟人多手杂，可能会有人们私拿的情况，就需要寺院派专人管理，必然使寺院形成额外负担，于是想了个一劳永逸的办法，封入洞窟集中处理。只是这一说法并没有很充分的理由回答为什么要在藏经洞外重修壁画的原因。

佛教供养物说

即认为藏经洞的宝物均为佛教供养法物。

此说是近期由苏州戒幢佛学研究所研究员文正义先生提出，十分新颖，也是多年在敦煌学界对藏经洞封闭原因的问题上，走出老路子，避开以上三种传统的陈旧观点而独避一径。他主要的观点是认为藏经洞之所经封闭，是因为对这些佛教法物进行集中供养，此种宗教仪式是佛教界常见的现象，是一种极其虔敬的宗教行为，与外来压迫无关，是敦煌法地佛教教团自行决定的结果。由于此观点主要是对藏经洞性质的讨论，因此请参阅“藏经洞的性质”一节。

排蕃思想说

即敦煌当地人为了扫荡吐蕃统治的影响所为。

此说由日本大谷大学校长、著名的敦煌佛教研究专家上山大峻先生提出。在藏经洞保存有大量的吐蕃资料，包括藏文和汉文两种文字，极其特殊。其中又有极为详细的吐蕃统治敦煌时期的佛教资料，集中表现在吐蕃统治时期敦煌著名的僧人法成、昙旷等人的论著、讲学笔记、佛经注疏等的完整保存。而同时在藏经洞发现最多写经的寺院的三界寺和净土寺，正好又是吐蕃统治时期永康寺和永寿寺的改名延续，这两所寺院一定保存最多的吐蕃统治时期的资料。在归义军时期，人们为了消除吐蕃统治时期的影响，大概也是对那一段屈辱史的憎恨，因此决定把吐蕃统治时期的资料一并封存，而选择封存的地方正是吐蕃统治时期最为活跃的“吴家窟”。

末法思想说

有学者根据藏经洞所在莫高窟第16窟现存最外层壁画中表现末法思想的千佛变，结合同时期在辽盛行的1052年末法思想说，认为藏经洞是敦煌人在面临佛教末法思想的影响下，为了“存经以备法灭”而做出封存佛教经典的做法。

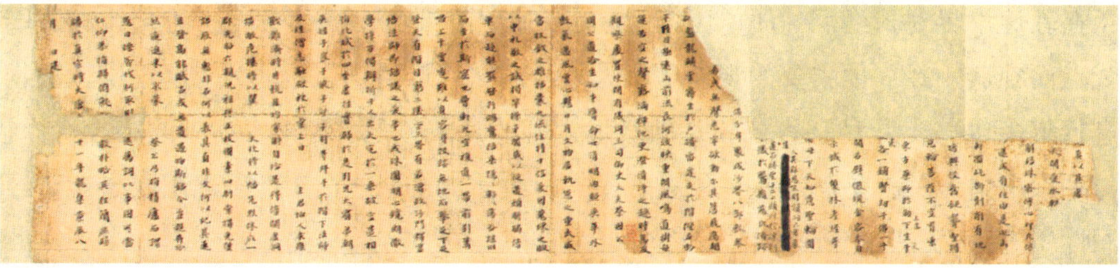

S.6203 作废的残经

法供养说

此说最新由敦煌研究院张先堂研究员在“中国古代佛教三宝供养与‘经像瘗埋’——兼谈敦煌莫高窟藏经洞的封闭原因”一文中提出，认为敦煌藏经洞是佛教的法供养的产物，敦煌藏经洞的藏经属于法供养中的“经像瘗埋”制度。其理由为：一，敦煌藏经洞的藏经是由不同时代、不同地方、不同人们为了不同现实功利目的而抄写的佛经，但都出自一个共同的佛教信念，即供养佛经；二，从藏经的机构来看，多达几万件的佛经却不能构成一部完整的大藏经，而有些佛经存在大量重复抄写以致数量奇多的现象，这种现象也与南北朝隋唐五代法供养、佛经崇拜的历史背景密切相关；三，从莫高窟藏经的处置方式看，是有计划地将残破佛经予以恭敬妥善地安置，这也是佛教法供养、佛教崇拜的一种体现形式。

【千古历史悬案：藏经洞的性质】

今天人们常常以“沙漠中的图书馆”、“石室宝藏”、“石室藏经”等来形容和说明藏经洞的性质，事实上都不十分明确，也没有能够十分清楚地表达藏经洞的根本性质。学者们在研究藏经洞的性质和封闭原因时也对此问题均有程度不等的涉及，作为学界对藏经洞性质的研究影响最大者有以下几种说法：

1. 即“避难说”中所言纯粹是一次偶然因素所导致把大量的佛典等藏入此洞，那么藏经洞的性质并不明确，只是为了躲避战争威胁而对佛教宝藏的临时处理，仅为一时的权宜之计。

2. 即“废弃说”中所主张，藏经洞的性质即为佛教宝物的废弃处理，形同于废物的集中掩埋。当时敦煌各寺院集存作废不用的佛经断纸、文书、纸绢麻布画及木

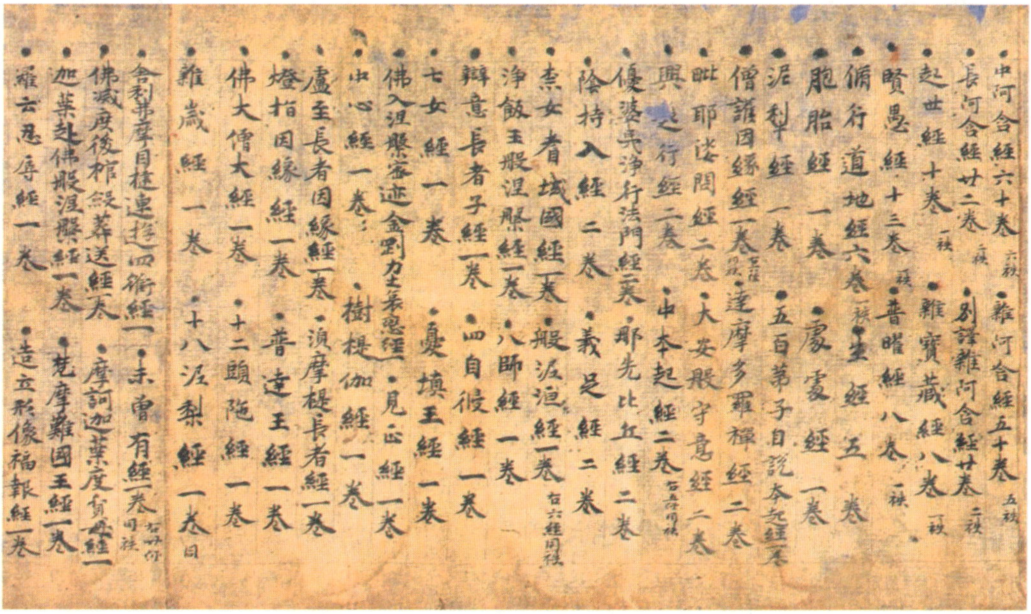
·中阿含經六十卷
·長阿含經廿二卷 ·雜阿含經五十卷
·起世經十卷 ·別譯雜阿含經廿卷
·賢愚經十三卷 ·雜寶藏經八卷
·脩行道地經六卷 ·普曜經八卷
·泥犁經一卷 ·生經五卷
·胞胎經一卷 ·處處經一卷
·僧護因緣經一卷 ·五百弟子自說本起經一卷
·毗耶娑問經二卷 ·達摩多羅禪經二卷
·興起行經二卷 ·大安般守意經二卷
·優婆夷淨行法門經二卷 ·中本起經二卷
·陰持入經二卷 ·那先比丘經二卷
·柰女耆域國經一卷 ·義足經二卷
·淨飯王般涅槃經一卷 ·般泥洹經一卷
·辯意長者子經一卷 ·八師經一卷
·七女經一卷 ·四自侵經一卷
·佛入涅槃密迹金剛力士哀戀經 ·憂填王經一卷
·中心經一卷 ·見正經一卷
·盧至長者因緣經一卷 ·樹提伽經一卷
·燈指因緣經一卷 ·須摩提長者經一卷
·佛大僧大經一卷 ·普達王經一卷
·難歲經一卷 ·十二頭陀經一卷
·舍利弗摩訶目揵連遊四衢經一卷 ·十八泥犁經一卷
·佛滅度後棺斂葬送經一卷 ·未曾有經一卷
·迦葉赴佛般涅槃經一卷 ·摩訶迦葉度貧母經一卷
·羅云忍辱經一卷 ·梵摩難國王經一卷
·造立形像福報經一卷

P.3807 龙兴寺藏经目录

刻雕像等。由于过时不用了，或由于新版本佛经的进入，以及纸张的充足，破旧佛典等已不再需要了，因此藏经洞便担当了这次敦煌寺院处理佛教圣物的角色与功能。

3. 认为藏经洞是敦煌其中一所寺院“三界寺的供养具”。此说由北京大学荣新江教授提出，影响较大。荣新江先生通过对斯坦因首次进洞的相关记录和照片的考察，发现藏经洞文物最初的摆放是相当工整的，一帙一帙，一包一包，每包又有佛经分类题名和千字文编号，整整齐齐地堆放在藏经洞内，显然是分门别类地布局。同时在藏经洞，碎片残卷不多，而且大多是从完整佛经等上面揭取下来的，本身是为了修补佛经用的。藏经洞内所藏佛经基本上多为完好之作。不仅如此，在藏经洞发现的那些完好精美的经帙、卷轴、绢画、刺绣以及完整无缺的藏文、于阗文、回鹘文、粟特文等文献写本，这些精美物品要作为废弃物考虑，于情于理均不通。而大多学者们研究的结果发现，在藏经洞的大量佛经写本中，其中以有引首为三界寺的题名或印记者最多，说明大多写经是与三界寺有关，其实也就是属于三界寺的所有财产。另一个藏经洞写经与三界寺密切关系的证据，就是发现了大量的写经题记中有三界寺僧人道真的题名，并且也发现了直接记载道真为三界寺修补佛经的文书。三界寺在敦煌是一座小寺，而且寺址就在莫高窟，由于寺院没有能力雇人写经，于是便利用其他各敦煌寺院的破坏、古旧、作废、不用或多余的佛经，为三界寺的经藏扩充，因此形成了多数佛经残破不全，或有残破佛经断片存在的原因。正由于三界寺本身就在莫高窟，而且推测应该与藏经洞第17窟不会太远，因此一旦灭佛的消息传来以后，道真与三界寺的僧人一道把本寺的藏经及其他圣物一并藏入此窟，并在外面画壁画以掩蔽。

4. 有学者认为藏经洞与佛教传统的“石室藏经”有关，即藏经洞宝物是佛教正常例行的“石室藏经”。佛教传统的一种做法是有专门的藏经之处，如寺院的藏经楼、藏经阁、石窟的藏经洞等，把经放置一专设的地方，莫高窟藏经洞即为此做法。从方位关系上考察，也符合寺院或石室藏经的方位关系。

3. 藏经洞为佛教徒供养佛教法物的地方。此说由苏州戒幢佛学研究所研究员文正义先生提出，因为是首次由专门从事佛学研究者提出，结合诸多佛教理论与实际，颇显道理。文先生指出，寺院都有藏经的地方，而且不至一处，大致有两种情

莫高窟第469窟佛龛藏经遗迹

况：一是由政府颁赐，或请人或自行抄写，这类佛经主要供僧人诵读；另一类是教内外人士祈求福报，追荐亡灵，或者是做其他功德而发愿书写的经卷，主要是用于供在佛前供养。第一种是有目的地颁赐、抄写，为寺院常住者诵读研究，往往求全求备；后者则是为求得某种功德，多为小经或单卷，带有个人的随意性。前者或分发于个人，或典藏于寺院的藏经楼；后者则供养或密藏在特殊的地方，诸如石龛、石窟等处。二者虽都是寺院藏书，但是却有着本质上的区别与不同。而敦煌藏经洞的经书有几个特点：一是保存的时间特别长，最早可到西晋十六国时代的写经，应该说是寺院供养经，如果是流通经典，恐怕早都损坏殆尽；二是藏经洞写经没有系统，有的经几百卷上千卷，有的特别少，有的又零星几卷，而有的又完全没有发现，严重不成比例，也构不成一部完整大藏经的经目，显然不是一所寺院的图书馆，只能是供养经；第三，藏经洞佛经，大多缺头少尾，一部经也多不全面，或有只抄一部经的其中一部分者，也有不少的碎片存在，正是古坏经文，或是不能受用者，便一并作为供养经处理。因此敦煌藏经洞写本佛经符合寺院藏书的第二种情形，即供养经。同时按照寺院的规定，以及佛教的要求，寺院的供养经或供养法物，都要放在诸如高显处、高座等一般不易碰到的地方，同时要以种种方式供养。莫高窟是佛教圣地，第17窟又是洪辩生前的禅堂，又是死后的影堂所在，是一处十分庄严的地方，完全符合寺院供养法物存放地环境要求。这种处理方式在佛教中称为“装藏”，一般是装经入佛像或佛塔，但是此次规模太大，装入一所洞窟，这种装藏是与佛的法身舍利等同看待的。另一方面，敦煌藏经洞内经藏的包裹方式，以及堆放的层次关系，都完全符合佛教装藏或供养法物入藏的仪轨。

敦煌藏经洞作为佛教寺院供养法物入藏的性质界定，表明此处所藏是敦煌所有寺院的供养经，封闭的原因是敦煌法地佛教教团内部决定的结果，不曾受到外来势力的压迫，是一种极为虔诚的宗教行为。

【海外游子的心——何时才是回归路】

敦煌藏经洞发现已经百年有余，散失海外的藏经洞宝藏身在异国为客有近百年的时间，这些都是中国的国宝，是中华民族的传统文化遗产，是20世纪初外国的所谓探险家们在没有经过允许的情况下，以非法的形式盗掠而得。如果说当初是我们国家积贫积弱、不断挨打受欺侮的时期，也是清政府的闭关锁国政策受到严重冲击的时期。往事不堪回首，却又不能回避。但是现在国际国内的形势发生了根本性的变化，讨论散失海外的国宝的主权问题和文物回归已成世界新潮流，与时俱进，我

英国国家博物馆

法国国家图书馆阅览室

们不能再一次错过历史时机，更不能再一次痛失机会，要为流失海外的国宝有个交代。正如香港、澳门回归祖国一样，敦煌藏经洞文物也应回归故里。更何况现在世界上已经有许多国家流散国外的文物，不断地被归还本国，这已经成了一个不可逆转的时代潮流，有谁如果想阻止这股进步的时代潮流，与时代不符，既不可能成功，也没有意义。

之所以提出这个问题，首先我们应该明确敦煌藏经洞宝藏是中国人民自己的东西，并不是外国所本有的财产，而是通过非正常和非正当途径取得的，也没有得到中国人民的允许。因此中国人民痛心于本国珍贵文物的大量流失，盼望它们有朝一日能回归故里，这种可贵的爱国主义感情无可非议，也应当得到各国有识之士的同情、理解与支持，并给予尊重。看看世界有些国家的博物馆，陈列的大半是其他国家的文物，可是其中又有几件是通过合法的手段得到的呢？

其次，我们必须认识历史，要对斯坦因、伯希和、吉川小一郎、鄂登堡、华尔纳等盗掠敦煌文物的历史现实与历史背景有深刻地认识，弄清这一点是为了实事求是地还历史以本来面目，并非去追究旧账，更不是要将祖辈之过记到子孙们身上；打开尘封的档案与记忆，争取弄清文物流失的细节。考察当时的国际、国内形势与中国西北的情况，这些外国探险家们活动在漫长的丝路古道上，目的就是寻找宝藏，采取了各种手段，如非法挖掘、从私人手中收购、骗取、民间搜集等方式，得手与运出均没有合法的手续，完全是盗掠式的行为。甚至他们中有的人完全是在破坏式寻找宝物，典型的就是日本大谷探险队的乱挖乱掘，更为触目惊心的是美国人华尔纳在莫高窟洞窟内制造的一个个“伤疤”。

因此我们认为敦煌藏经洞的文物的主权仍是属于中国所有，回归故里虽然从目前来讲要解决的问题很多，但是从原则上、道理上、道德上和国际法律上应是最终要回归原所属国家的。

新中国成立后，外国政府机构或个人将所收藏的中国文物归还我国的也不乏其例。前者，如1958年4月，苏联对外文化联络委员会将柯兹洛夫探险队在内蒙古黑城遗址挖走的残本归还我国；后者，如日本书法家青山杉雨先生在1997年10月9日将其家藏的8件敦煌写本送还敦煌研究院。我们高度赞赏这些机构与友人的善举，也衷心感谢为协助中国文物回归做出了不懈努力的各国友人。

但是，总体说来，和全世界许多国家都存在着的文物流失与回归的问题一样，敦煌文物的回归是一个十分敏感而复杂的问题，尤其是从国家收藏文物的角度讲，回归涉及一系列法律、公约，是政府间的行为。因此，“敦煌文物何时归”？这是历史留给我们的一道难题。为解决这个难题，中外学者及收藏单位之间没有任何理由相互抵触或戒备，而应互相理解，求同存异，放眼未来向前看。向前看，珍贵文化遗产需要全人类共同保护、继承与发扬；向前看，如果我们这一代未能解决这道回归难题，也坚信后人会比今人更聪明，会用更加睿智的办法来圆满地解决它。更重要的，只有向前看，我们才能把现实的文物保护与研究工作做得更加扎实、深入，更加生气勃勃，才能无愧于我们的前辈与后代，无愧于这个时代！

当然从现实的眼光出发，解决文物回归并非易事，也不太现实，而应着眼于更加现实的事情上，主要就是保护好收藏于各国各地的敦煌文物，只有保护好，才是科学的态度和务实的精神，也才能对待起老祖宗，也能寄希望于未来的回归。其次怎样如何利用各国收藏的敦煌文物，进行广泛的学术研究，利用好这批资料是关键。

如果有一天敦煌藏经洞的所有流散海外的文物都回归故里，敦煌莫高窟仍是这些宝藏的最应该收藏的地方，从那里来到那里去，要完璧归赵。在莫高窟建一个现代化的大型敦煌藏经洞文物陈列馆，做到最好地保存，最好地管理，最好地研究。只有这样敦煌藏经洞文物才有一个最为完美的结局。

【王道士的功德与荣耀——“三清宫”杂记】

莫高窟下寺新面貌

“三清宫”，俗称“下寺”，又称“太清宫”，位于莫高窟三层楼对面。由其名明显可知为一道观，而“下寺”之名系相对于位于其南的上寺、中寺而言，上、中二寺原为佛教寺院。三清宫是在21世纪初由王道士创建并由其住持，是王道士的“府邸”，也是王道士在莫高窟的最大功德，在王道士生前也成了他在敦煌和莫高窟地位的象征与荣耀。正由于作为三清宫主人的王道士的特殊性，也使得作为历史见证人的三清宫与道士王圆箓、与藏经洞文物的流散、与21世纪的敦煌莫高窟等都有着千丝万缕的关系，其中隐含着一些重要的历史信息，或可帮助我们解除一些疑惑。

况且三清宫在经过了几十年的萧条冷落与破烂不堪之后，现经过修复，已是焕然一新，恢复了原有的风貌。在藏经洞百年之际三清宫正式向中外游人开放，这里又陈列有“藏经洞发现百年展”，以其让人们更好地了解藏经洞的历史。

三清宫纵横谈

三清宫，即为下寺，又称太清宫，莫高窟道观。“下寺”之名，系为本地的俗称，这种简单的以相对地理位置的上、中、下命名佛寺、道观，似乎并不科学，难以明其详细。而这种本地习俗的称谓起于何时，不得而知。

“太清宫”之名，在仍保存于莫高窟宕泉河东岸的“道士塔”墓碑，即《太清宫大方丈道会司王师法真墓志》中记载明确。该《墓志》是由王道士的徒子徒孙赵明玉、方至福在王道士死后百日之际所立。“太清宫”之“太”寓意深远，也是对

莫高窟上寺院内

其太师太爷的崇奉，因此称“三清宫”为“太清宫”合乎情意，且更显气势。

而“三清宫”之名一直鲜为人知，很少使用。我们之所以十分肯定地使用三清宫这一名称，是因为在1998年9月至10月期间，在下寺修复工程的随工考古清理发掘工作中，在下寺南大门上方正中横额木匾额中，清除其表面的一层土红漆泥，露出匾额原刻书文字，正中间从右至左横写“三清宫”三个大刻书墨字。该匾额的发现，为我们更进一步了解莫高窟下寺提供了极为重要的资料依据。从中我们可以知道以下几个问题：

1. 下寺原名为“三清宫”，“太清宫”、“下寺”均为演义或附会，“下寺”就更是纯为方位关系。而今天以职能而称“藏经洞陈列馆”者，就更是与原来之面貌大相径庭。

2. 三清宫的修建者是其住持王圆箓及他的两个弟子赵明裕、姚明善。他们三人也即是三清宫的主人，这也符合斯坦因所记“他（指王道士）同他的两位徒弟”的记录。

3. 三清宫的建成年代是1908年5月。斯坦因在1907年5月来到莫高窟时，也曾对三清宫有记录，表明正在兴建当中，斯坦因又在一些未建成的房子中作过一些见不得人的勾当。由于王道士正在大兴土木，急于筹钱，很快与斯坦因一拍即合，通过金钱交易，达成出卖文物的交易。三清宫早在1908年之前已动工兴建，并且很有可能是在王道士于1906年结束完工莫高窟“三层楼”的重修工作之后开始的，并利用了前面的设施条件，在1907年5月王道士从斯坦因手中得到一笔可观的银钱后，实力大增，便很快在1908年5月挂匾额竣工。

4. 三清宫匾额也明确告诉我们王道士的籍贯系为“楚北”，即湖北麻城一说值得信赖。因为该匾额的制作毫无疑问是由作为主人的王道士亲自策划。不管怎样，王道士还不至于把自己的老家搞错吧。与后来的《王道士催募经款草丹》、《重修千佛洞三层楼功德碑记》、《墓志》所记相符，更说明其可信性。故此斯坦因关于王道士祖籍陕西一说，值得推敲。我们认为由王道士亲自经手或参与的功德碑记、三清宫匾额与《草丹》及他的徒子徒孙的文字记载应更可信，当大致不谬。

5. 该匾额系由当时敦煌名士郭维德书，在其前光绪三十二年（1906年）《重修三层楼功德碑记》也由“郭璘撰并书”，重修三层楼之事，是由王道士作为主要住

莫高窟上寺西游记壁画

持人进行的。另外，郭璘也见于莫高窟1916年《重修千佛洞宝贝佛殿功德碑记》。由此可见郭维德作为当时敦煌名流，两次为王道士树碑颂德，反映二人关系非同一般。王道士一区区道士，且非佛非道，竟然在敦煌绅士之间如此风光，能让郭维德这样的学人名流为他做事，似乎说明郭维德作为学人，很懂得并也很喜欢由王道士掌管的藏经洞内的古物；同时也表明王道士也投其所好，从而使二人结为知己，反映了藏经洞文物流散的又一个途径。关于这一点从流散在敦煌一带的大量经卷文书可作为证据。

以上对三清宫南大门匾额反映的问题作了简要地交代，下面就三清宫其他方面继续作以叙述。

首先让我们来分析一下王道士创建三清宫的前因后果。在1900年王道士于无意中发现藏经洞后，他的命运开始好转，渐渐地他知道了这批古物的“价值”。时来运转，王道士首先是把一些卷子送到当时的官府人物如肃州兵备道廷栋，当时任敦煌县令的湖南进士汪宗翰，汪宗翰从王道士手中得到不少珍贵敦煌写本、绢画，并寄赠给当时的甘肃学政、金石学家叶昌炽。当然王道士也绝不会利用这个机会放过结交敦煌地方绅士的好机会，如前举郭璘之事颇典型。王道士甚至利用手中之便处理好与当时上寺、中寺的关系，斯坦因在初来莫高窟从一“西藏僧人”手中见到经卷，系“这位小和尚借来用以光彩光彩他那座小寺院的保存很好的一长卷”。王道士利誉双收，地位非同一般，手中也不再是十分拮据，因此有能力于1906年完成三层楼的修建之后，便很快把精力投入三清宫的营建工作。三层楼的建成与其说是为佛事功德，倒不如说是王道士为自己立的功德碑。这远远还没有满足王道士的虚荣心理，他还觉得有必要给自己堂而皇之地建一道观，一则用以炫耀，二则为自己正名，三则吸引更多的信徒弟子，以与上、中二寺对比。这样三清宫便在王道士的虚荣心驱使与藏经洞文物的不幸遭遇中很快拔地而起。而三清宫选址从伯希和的照片及今天地理位置看极不科学，因为这儿紧挨着宕泉河道，仅为一小小台地，时常面临着大水的威胁。但王道士于此不顾，宁愿一违常规开三清宫大门为南门而建一窄小道观（西面又开一出入便门），也要时刻守护着自己“心爱”的藏经洞，司马昭之心，可谓良苦。

三清宫建成后，作为住持的王道士与他的两个徒弟赵明裕、姚明善（后有徒孙方至福）一直在此活动到1931年王道士“仙逝”，此后便不太清楚。但我们在考古清理中见到的三清宫墙壁上的几处游人墨书题诗的纪年，其中有一明确较早的为“民国三十四年”，即1945年，这些题记推测应为三清宫近于荒废、无人管理之时，为游人所题于壁。另外众所周知，1941年张大千访敦煌，临摹研究三年；1943年2月常书鸿来到莫高窟，筹建国立敦煌艺术研究所。20世纪40年代下寺偶有道人居住，但已经是门庭冷落，气候已尽。正因如此，祖师爷王道士的仙逝，政府机构的进入，香客的寥落，从1931年之后，王道士的徒子徒孙们或已四散奔命，三清宫渐趋荒废。其实这一点也可反映在1936年所立《重修千佛洞九层楼碑记》，从该碑记可知，当时在修九层楼之时，上寺、中寺都有人参于其中，唯独下寺无人。似乎说明早在1936年或更早曾在莫高窟乃至敦煌风云一时的三清宫已是今非昔比，大不如前了。

其后的三清宫，据笔者走访现仍健在的敦煌研究院老工人范华师傅及其他一些老同志的回忆，20世纪40年代曾住过国民党的部队。五六十年代敦煌文物研究所作过办公室、宿舍房，也曾于此办过甘肃省的文物学习班。也是在这些时期对原建筑作过改建，多次涂抹草泥、粉刷灰浆，并前移房屋前墙。七十年代后便彻底废弃，仅作文物而保持原状。

三清宫坐北面南，东西宽南北长，面积不大，南面开正门，西面一小门。北面为正殿建筑，两侧二小耳房，东西两边各一排厢房，东南角与西南角即为二道坐。廊院式建筑，围绕一圈廊柱、廊道。每间正面房屋均为面阔三间规模。房屋建筑结构为卷棚顶（又称勾连搭棚），方砖墁顶。南门上建一葫芦宝瓶，为道观之象征。通过考古工作可知，原建筑墙体均为土石结构，并由石块砌成墙基。所有暗柱明柱均有石柱础，大多雕凿规整。正殿内北壁有像台，上塑道家三宗像，今均已全毁不见。

莫高窟三寺——上寺、中寺、下寺

据文献记载，早在东晋太和年间莫高窟已有寺院建置，其后历代相沿不绝，但均已不存，详细不知。唯独较晚的上寺、中寺、下寺保存较为完好，可作为研究莫高窟历代寺院之参考，且佛寺道观均有，因此也颇显重要，不妨在这里略作提要。

上寺，即莫高窟之雷音寺，建于元末明初，并有清乾隆年间所挂“雷音禅林”匾额为证。上寺位于莫高窟九层楼大佛殿对面偏南的宽阔平地处，周围林木葱郁，环境优美。上寺坐东面西（即面向佛窟），东西长南北宽，西面开一正门，正殿位于院落正中面西，两边两排厢房，前院保存较为完好，后院残毁不清。但从残存情况可知，原建筑均为土木结构，较为简陋。廊院式建筑，房屋基本为面阔三间规

莫高窟大牌坊

模，卷棚顶结构。在大殿正面檐墙方格中绘画有唐僧师徒一行四人一马往西天取经图，所见有在西天取经途中孙悟空等与各妖魔鬼怪斗法的场面。另为大殿前廊山墙南北壁原均有壁画，北侧被粉刷不清，南侧应为“叶公好龙”的故事情节，水墨画一老人面对云翻滚的天空中出现的一龙，惊慌失措状。

中寺，平面形制同上寺，二寺隔墙相连，接上寺之北而建。同样坐东面西。正中为大殿，东西两排厢房，西面开正门。同样为土木结构，廊院式建筑，房屋基本也为面阔三间规模，卷棚顶结构。后院残毁不清。中寺后院四十年代时为土地庙。

通过叙述对三寺作简略比较：

三寺建筑均为土木结构，规模较小，廊院式建筑，卷棚顶结构，房屋面阔基本均为三间。为典型的中式建筑。上、中寺大殿位于院落的正中而非后部，表明仍传承着历代佛寺的布局特点。另为上、中二寺相互连在一起，这也是莫高窟历代佛寺布局之一大特色。除此之外，下寺与上、中寺布局方向的不同，或许是道观与佛寺的不同吧。

在莫高窟三寺并存时代，上寺由喇嘛易昌恕与其徒弟徐汉卿住持，易昌恕民国年间任敦煌僧会司，在1928年至1935年重修莫高窟第96窟，创为九层大殿（图版56），他以僧会司兼理工程，可见易昌恕在当时敦煌也小有名气。后来他与弟子一直住在上寺，直到七十年代二人先后去世。其间上寺入住过张大千，据传当时在上寺一北墙上留有张大千一幅竹画，后被抹掉。中寺在四十年代便已成为敦煌文物研究所的办公室。其后不久下寺也被敦煌文物研究所接管，唯独上寺较晚才收归研究所（包括上寺的园地），因此一直基本上由僧人经营。另外在20世纪40年代三寺并存时代，三寺的生活维持均靠化缘、民间香火供养及自足，因此当时三寺的建筑均外附有各自的一排香客住房与马房。其中上中寺的香客住房今天仍可看到遗址（后一直被改住人）。而下寺的香客住房及马房今已不见。当时整个莫高窟南区1000余米的洞窟区分作三段，分别由上、中、下三寺主管（当然并非十分明确），即上寺主管九层楼大佛殿以南，中寺为大佛殿至古汉桥一段，下寺管理古汉桥以北段，又分别以今138、454、344三窟为各自辖区的“娘娘殿”，收取香火钱。正由于今南北二大佛为易昌恕所管范围之内，因此1936年他在主持重修完九层楼之后，便着手南大佛（今130窟）的大殿修建工作，木料以备。但在四十年代由于张大千、常书鸿的到来而中止。

经过笔者的实地调查，清代对洞窟的重修造成的破坏活动最为严重的为莫高窟南区南北两端的洞窟。有的窟的原貌被破坏殆尽，不忍观看。二大佛之间底层洞窟基本全被清人重修过。古汉桥以北三层洞窟多有打破穿洞相通，亦为清人所为。而中端洞窟清修比例较小，大多为宋元以前所修。比较的结果可以看出，清代对莫高窟的重修主要集中在两端。在重修塑像的基础上，其破坏程度又各具特色，南端有整窟的破坏，而北端以穿洞最为严重。但这些活动是否在莫高窟三寺并存时代，亦即是否为易昌恕、王道士所为则难以肯定，只能是不完全排除此二人部分所为的可能性。但当时在他们眼中这种维修并非破坏行为，而是十分虔诚的佛事功德。

佛寺与道观并存奇观

上、中、下三寺即佛寺与道观同时并存于佛教圣地莫高窟，特别是让王圆箓作为一个明确标明自己为一道士的人，入住佛窟，并堂而皇之地建起了供奉自己的祖宗道家三宗的道观三清宫；同时又在其《催募经款草丹》中称自己为“千佛洞住持”，这与保存下来的从十六国以来历经十余代千余年的492个洞窟极为不符，让人有几分莫明其妙的感慨。这当然与藏经洞的发现有着极为密切的联系，此道理不言而明，无须细谈。另外我们知道佛寺与道观的并存是敦煌历代的一个特点，如藏经洞出土的文献内容丰富，有儒家经典、佛教经卷，又有景教、摩尼教、道教资料。敦煌本地的信仰也较为复杂，研究敦煌历史可知，敦煌虽以信仰佛教为主，但其他如道教等宗教也一直存在。而留给我们大量有关敦煌地区历代祠庙寺观资料更是一个很好的例证。敦煌历代佛寺、道观并存，相碍无事。这种现象一直持续到近现代，如莫高窟的上、中、下三寺并存，三危山王母宫、观音井、老君堂三处的僧尼、道士、道姑到今天仍交往甚密，相互之间并未因信仰不同而井水不犯河水。而道教题材进入佛窟的历史，在敦煌早在南北朝时已开始，“东王公”、“西王母”的故事在西魏249窟已出现。另外在清修洞窟中，大量的道教宗像已进入佛窟，可见当时人们对佛教道教的区别已很不清楚，十分混乱。在这种情况下，王道士也便乘

太清宫大方丈道会司王师法真墓志(碑)

太清宫大方丈道会司王师法真墓志(拓片)

王道士墓塔塔铭

虚而入，大摇大摆地来到莫高窟，且堂而皇之地以莫高窟主人自居。如前所述王道士又不失时机，在送给官员乡绅经卷的同时，也给上、中寺院送些经卷，以作亲密之态，二者皆大欢喜，也便相安无事。

【与藏经洞命运息息相关的】
几位中国早期敦煌学的开拓者和学术大师

“敦煌研究第一人”——金石学家叶昌炽的遗憾

金石学家叶昌炽

由于敦煌学是因藏经洞发现而来，主要从事敦煌学研究的是那些首次从藏经洞盗走敦煌文物的国外探险家如斯坦因、伯希和等人，因此一般人们多认为敦煌学研究之发端是在国外，而事实并非如此。

中国学者对敦煌的研究不是从藏经洞发现之后开始的。清雍正年间，督修沙州城的光禄少卿汪隆就写过《游千佛洞》的诗，对敦煌艺术推崇备至。嘉庆年间，著名的西北史地专家徐松游历了千佛洞，记录和研究了敦煌的碑刻和历史，论及莫高窟的创建史。他在《西域水道记》中记述了许多有关敦煌和莫高窟的资料，一向为人们所重视。道光年间，徐乃谷在敦煌任县令（1831—1834）时也到过莫高窟，介绍过莫高窟碑石和历史。他的《千佛岩歌》收集在其诗集《瑞勺轩诗抄》里。这些人对敦煌的研究，分别比藏经洞发现的时间至少早一个多世纪、近一个世纪或半个多世纪。从某种意义上说，他们对敦煌的研究为敦煌学的诞生奏响了序曲。

藏经洞的发现同样首先得到了中国学者的重视，中国学者叶昌炽可以说是敦煌研究第一人，因此被誉为“敦煌研究第一人”。

叶昌炽（1849—1917），原籍浙江省绍兴，后入籍江苏苏州。字鞠裳，又字兰裳、鞠常，自署居士、歇后翁，晚号缘督庐主人。1849年生，其家受太平天国变乱，家境一般。早年就读于冯桂芬开设的正谊书院，协助编修《苏州府志》。1889年应试，授翰林院编修，入京做官，先后在国史馆、会典馆等处任职。1906年清朝废科举时撤职，后也因三子一女先后去世，经历了白发人送黑发人的凄楚，加上看到清廷也是每况愈下，于是辞官回乡，沉溺于书本，主要兴趣在古代金石碑铭。一生以辑古佚书、校理群籍、搜集碑版、抄书作文为业。以《语石》为代表，后留有《缘督庐日记》，是了解他一生的主要资料。

清光绪二十八年（1902）农历正月，奉命领甘肃学政，五月在兰州接印任职，一直到1906年为止。在甘肃的四年中，叶氏周游了甘肃各府周县，按试诸生，考核教官。因此对甘肃各地所见所闻有详细记录，其中最为重要的是对敦煌发现藏经洞情况的最原始记录，成了今天我们了解藏经洞发现及敦煌文物早期流散的最重要的资料依据。

叶氏赴甘肃之前，刚刚写完分类介绍论述各种石刻资料的专著《语石》一书，正在校录修补中，尚未印刷发行。所以他一到甘肃，第一件事便是开始访求河陇一带所存的石刻资料。当然敦煌藏经洞新近发现的大量的古碑铭写本等便也很快进入了他的视野。次年十一月得敦煌县令汪宗翰寄赠《索公（勋）纪德碑》、《杨公碑》、《李太宾造像碑》、《李氏再修功德记碑》、《大中五年洪辩碑》拓本及敦煌藏经洞出上《水陆道场图》绢画与唐人写《大般涅槃经》四卷。叶氏在《日记》中对这些敦煌写本、绢画作了考订、记录、研究，成为第一位研究藏经洞出土文书的学者。后来又从敦煌的汪宗翰及王宗海等人处，得绢本《水月观音像》、《地藏菩萨像》及写本《大般若经》等，均有考订。又将有关见闻写入《语石》中。光绪三十二年卸任后，仍在《日记》中不时记录有关敦煌写本的消息，尤其对自己当年视学，而未能西出嘉峪关，尽取藏经洞宝藏，愧疚不已，表现出了一位学者的精神。

叶昌炽没有后代，因此于1914年已便将自己所藏碑拓出售，被刘承干的嘉业堂和刘世珩的聚学轩所得。其中的两幅精美的绢画在叶氏去世后，归浙江吴兴蒋汝藻的传书堂所有。王国维曾对叶氏藏品作过研究。后来到1925年蒋汝藻因兴办实业亏损，开始典卖图书，所藏大多辗转入北京图书馆和商务图书馆。两幅绢画流入书市，后又入日本人之手，最后辗转至美国，现藏美国华盛顿弗利尔美术馆。

叶昌炽作为一位学者型官员，又对传统金石之学兴趣极高，且身为甘肃学政，

流散美国的藏经洞天公主功德供养地藏菩萨绢画

专管文化教育，本省之内发现如此之重要之宝藏，消息很快就传入他的耳朵，文物经卷绢画也全都有过目，价值意义更是一清二楚，也爱不释手，却未能西行一步，自己再作一下调查研究，过问一下这件事情，即使全部运不走，也可以派人好好管理，就不至于大多被西方探险家们劫走，也不会为自己留下那么大的终身遗憾。

当然客观地来讲，也不能过分地指责他，因为当时叶昌炽虽然很早就知道了藏经洞的事，但我们从他个人后来的日记中得知，当时地方官员如时任敦煌县令汪宗翰等人报告给叶昌炽说藏经洞只有数百卷而已，没有得知真实的藏经数目，所以他也可能就没有太大的兴趣亲自前往查看，不过就此也不是一个正在进行金石碑铭资料搜集和研究的学者所应有的态度，更不是一位负责甘肃地方文化教育事业之称职官员的态度。

王国维的"二重证据"是敦煌资料研究的指路灯

王国维（1877—1927），浙江海宁人。初名国祯，字静安、伯隅，号观堂、礼堂、永观。十六岁入州学。清光绪二十四年（1898）到上海，任《时务报》书记、校对。二十七年春到武昌，在农务学堂任译述（教员），同年秋到日本留学。次年夏回国，编译《农学报》及《教育世界杂志》。光绪二十九年至宣统三年（1911），先后在南通师范学堂、江苏师范学堂任教，又在学部任职。辛亥革命爆发，与罗振玉等避居日本，致力于古史研究。1916年春回国，为英籍犹太人哈同编《学术丛编》杂志，兼任仓圣明智大学教授。1922年任北京大学研究所国学门通信导师。1923年充清故宫南书房行走。1925年任清华研究院教授。1927年6月3日自沉于颐和园昆明湖。

王国维

王国维在历史学研究中贡献最大为，当数他提出的"二重证据"法，即要求历史研究的学者，要使用文献和考古出土资料相结合的方法，历史文献是要经得起出土资料的检验，同时二者可以相互补充。一般学术界认为王国维此说的提出，是受了殷墟甲骨文的出土为研究商周历史与文化所作出的不可估量的价值而发。

在敦煌学方面，与罗振玉、董康等积极校理、研究敦煌写卷，撰有《唐写本敦煌县户籍跋》、《唐李慈艺授勋告身跋》、《唐写本残职官书跋》、《唐写本大云经疏跋》、《唐写本老子化胡经跋》、《于阗公主供养地藏菩萨像跋》、《九姓回鹘可汗碑跋》、《敦煌汉简跋十四》、《敦煌发现唐朝之通俗诗及通俗小说》、《书巴黎国民图书馆所藏唐写本切韵后》、《唐诸家切韵考》、《陆法言切韵断片跋》等，内容涉及制度史、宗教史、俗文学、西北史地、韵书等敦煌学的许多方面。还撰有《唐写本食疗本草跋》、《唐写本灵棋经残卷跋》、《唐写本太公家教跋》等。有关敦煌研究的论文多收入《观堂林集》中，后人集其著作为《海宁王静安先生遗书》。

如果说罗振玉受伯希和的刺激，发起了拯救敦煌藏经洞文物的大义活动，而对斯坦因资料的认识，当数王国维较早。在20世纪初，少数几个博学、敏感并且充满好奇心的中国学者——以王国维为代表，很快便意识到了斯坦因他们工作的价值。当斯坦因结束其第二次中亚探险不久，身在日本的罗振玉和王国维，便通过沙畹获得了斯坦因携回的资料，并于1914年出版了具有很高学术史地位的《流沙缀简》。斯坦因《西域考古图记》虽然到1921年才出版，但在1912年斯坦因已经出版了详细记录其第二次中亚探险经历的两卷本《沙漠契丹》（RuinsofDesertCathay）。我们不清楚王国维是否曾加以参考，但从研究内容上看，《沙漠契丹》可供直接参考的东西是很少的，也许有着优雅心性的王国维能从中读出斯坦因对中亚及其历史的依恋之情。王国维后来提出著名的“二重证据法”，其最初的成功经验，就来自他对斯坦因工作的整理，而不是晚到他以甲骨卜辞研究殷商历史时，这一点向为学术史研究者所忽视。不仅如此，真正被忽视、被湮没的问题，是中国近代学术的发端、成长，与斯坦因等人推动的中亚探险、西域考古之间，究竟有着怎样的关系。

空谷回音、世纪绝响：陈寅恪“敦煌学乃吾国学术之伤心史也”

陈寅恪（1890—1969），江西义宁（今修水）人。祖父就是清朝著名的爱国将领陈宝箴。陈寅恪受家学影响很大。早年赴日本留学，清光绪三十一年（1905）归国，后入上海吴淞复旦公学学习，宣统二年（1910）赴欧洲留学，先后在德国柏林大学和瑞士苏黎世大学学习语言学。次年归国。1913年赴法国巴黎高等政治学校经济部留学。1914年归国，一度任蔡锷秘书，参加讨袁之役。1918年赴美国，入哈佛大学，从朗曼习梵文和巴利文。1921年转往德国柏林大学研究院梵文研究所习东方古文字。1925年归国，应清华学校之聘，与王国维、梁启超、赵元任同为国学研究院导师，清华改制后，任中文、历史、哲学三系合聘教授。1930年后，兼任中央研究院历史语言研究所研究员兼第一组（历史）主任、故宫博物院理事、清代档案编委会委员。1937年抗日战争爆发后，赴香港大学讲学，任中文系主任，1941年起任西南联合大学教授。1945年应牛津大学之聘，赴英国任教，兼治眼疾。1947牛返国，任清华大学教授。1948年当选为中央研究院院士。同年底转任广州岭南大学教授，拒绝了当局请他前往台湾避难的请求，坚持留了下来。1952年后任中山大学教授、中央文史馆副馆长、中国科学院哲学社会科学部委员等。陈寅恪先生的晚年因时代而极显悲剧特色，先后失明、髌足，又在“文革”中也受到了多方为难。不过由于他在文化教育界的影响和贡献很大，因此中大一直对陈先生有所照顾。一生在学术上奉行“自由之思想、独立之精神”，影响深远。

陈寅恪

1930年在其所撰《敦煌劫余录序》中最早提出“敦煌学”的概念，指出“敦煌学者，今日世界学术之新潮流也”、“敦煌学者，吾国学术之伤心史也”。在该序中，就北京图书馆所藏八千余卷敦煌写本提出九个方面的研究价值，即摩尼教经、唐代史事、佛教文义、小说文学史、佛教故事、唐代诗歌之佚文、古语言文字、佛经旧译别本、学术之考证，为敦煌学研究指明了方向。撰有《大乘稻芊经随听疏跋》、《忏悔灭罪金光明经冥报传跋》、《有相大人生天因缘曲跋》、《须达起精舍因缘曲跋》、《韦庄秦妇吟校笺》、《西游记玄奘弟子故事之演变》、《莲花色尼出家因缘跋》等多篇论文，还在《敦煌石室写经题记汇编序》等论著中，利用敦煌资料补史、证史，大多数敦煌学论文收入《金明馆丛稿》、《金明论丛稿二编》、《隋唐制度渊源略论稿》、《唐代政治史述论稿》及《元白诗笺证稿》三书也使用一些敦煌资料，还撰有《寒柳堂集》、《柳如是别传》等。

最有影响的就是他首次提出“敦煌学”，为日后的中国学者从事敦煌学研究指明了方向，他的这段著名的观点是为陈垣著《敦煌劫余录》作序时写的。

多次前往敦煌、积极为敦煌莫高窟的管理、保护、研究奔走的向达先生

向达（1900—1966），湖南溆浦人。字觉明，笔名方回、佛陀耶舍。土家族。这位生于20世纪第一年的人，同年在相距几千里之外的祖国西北边陲的敦煌，藏经洞被发现，他怎么都可能没有想到自己此后将毕生为之奋斗，世界上的事情就是这样的巧合。

1919年考入南京高等师范学校，从1924年开始先后在商务印书馆、北平图书馆、北京大学工作。1934年8月,向达、王重民由北平图书馆派往英法,系统调查英国图书馆和法国国立图书馆敦煌文献,向达编有《伦敦所藏敦煌卷子经眼目录》，著录五百卷左右，多为佛经以外的重要典籍。1938年秋，向达先生回国，次年转入北大任文科研究所专任导师，兼西南联大历史系教授。

1942年春，重庆中央研究院组织“西北史地考察团”，向达代表北京大学参加，任历史组主任，率史语所劳干、石璋如等赴敦煌，考查莫高、榆林窟，测绘拍照，兼作敦煌周边古遗址的调查工作。不过需要说明的是整个考察活动中，向达与

劳干、石璋如二人的工作是分开的，而且事实上他们就没有碰面。因为当时在一些人事关系上出了问题，他们的合作名存实亡，给向达先生的西行考察人为制造了诸多不便，但无论如何名义上的考察活动负责人还是向达。向氏有《西征小记》一文记行，兼考两关、敦煌古城与古墓、西千佛洞、莫高窟与榆林窟，还记录了在敦煌所见到的敦煌写经。历史组考察莫高窟之主要成果，现已由石璋如整理成三卷本《莫高窟形》，由台湾史语所出版，虽然事隔五十多年这项考察所获资料才得出版，但我们不难从中看出当年工作之杰出，不仅有记录，而且有珍贵的各石窟测量图和照片，这无疑是今后莫高窟研究重要的参考资料。

最值得一提的是向达在考察敦煌莫高窟时，张大千一行也正在莫高窟临摹壁画，向达先生亲眼看到了张大千等人对洞窟壁画的任意勾画破坏，作为一位历史学者无法容忍这种无知的罪行，当时他们在莫高窟就时常发生严重的冲突，向达先生也一再向社会各界反映这种情况并发文为莫高窟的前途呼吁。当时张大千由于在军

向达与夫人

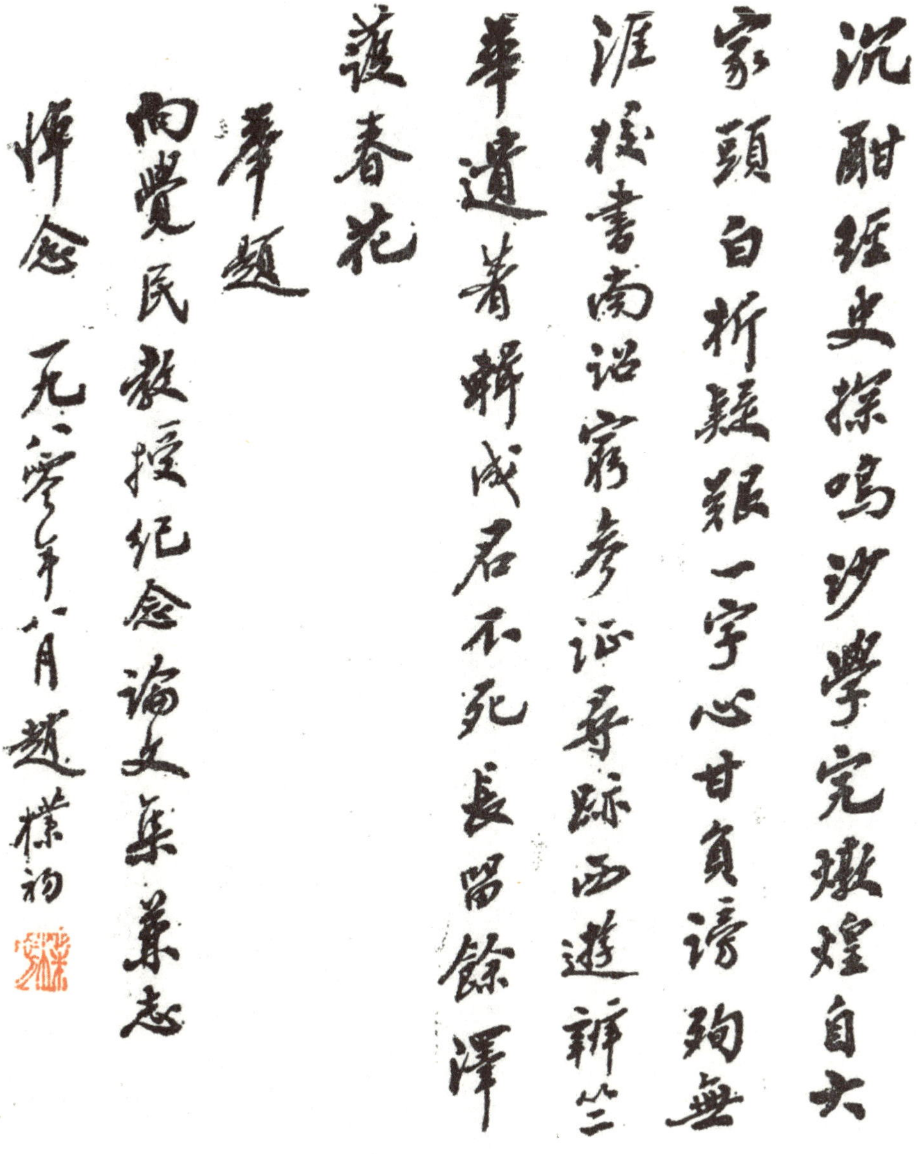
沉酣經史探鳴沙學究燉煌自大
家頭白析疑艱一字心甘負謗詢無
涯披書南詔窮考證尋跡西遊辨竺
華遺著輯成君不死長留餘澤
護春花
奉題
向覺民教授紀念論文集兼志
悼念 一九八零年八月 題 樑初

向达先生手迹

政界有关系，因此向达的处境一时很难。但是作为一名有正义感的学者，向达先生并没有因此而屈服。通过敦煌考察，更认识到敦煌石窟艺术的重要价值及历经劫难而被毁灭的危险，便即写了《论敦煌千佛洞的管理研究及其他连带的几个问题》一文，以“方回”笔名于1942年12月27日至29日在重庆《大公报》上发表。他慷慨陈词，大声疾呼说：我们之所以不甘为奴为隶，情愿忍受中国历史上亘古未有的困苦，来奋战求存，为的是什么？还不是为的我们是有历史有文化的民族，我们有生存的权利，我们也有承先启后的义务。千佛洞是我们民族在精神方面一个最崇高的表现。保护和发扬这种精神，难道不是我们的义务吗？向达是著名的学者，他的呼吁得到了学术界的大力支持与响应。

1944年，中央研究院与北京大学合组“西北科学考察团”，向达任历史考古组组长，率夏鼐、阎文儒西行敦煌，考察敦煌莫高窟，并在敦煌南沙山佛爷庙、敦煌西北长城烽燧下进行考古发掘工作，获得汉简数十枚及晋唐文物若干。此次的敦煌考察，向达与夏、阎二人的关系一直很好，因此是比较愉快的。

二次敦煌考察，向达先生收获颇丰。向达陆续撰有《两关杂考》、《莫高榆林二窟杂考》、《罗叔言〈补唐书张议潮传〉补证》、《记敦煌石室出晋天福十年写本寿昌县地境》、《敦煌艺术概论》等。夏鼐撰有《新获之敦煌汉简》、《敦煌考古漫记》等。阎文儒撰有《莫高窟与敦煌》、《敦煌史地杂考》等。向达两次敦煌之行，还录有敦煌当地留存之重要敦煌写本若干种，辑成《敦煌余录》，包括《六祖坛经》、《南宗定是非论》、《天宝地志》等重要典籍，惜未能及时刊出。向达先生所录写本大多现藏敦煌研究院。

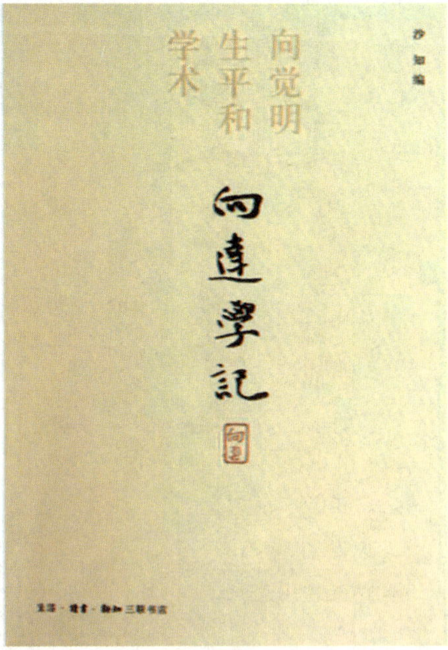

沙知编《向达学记》

向达的西行，为北大文科研究开出新路，而且使中国的敦煌学研究，走上了真正的历史文献和考古资料相结合的正路。

1948年12月，北大五十周年校庆之际，举办敦煌考古工作展览，同时印行《展览概要》，由向达、王重民编写，对海内外敦煌学学术史做了完整全面的回顾。《展览概要》几乎占了《北京大学五十周年纪念特刊》三分之一的篇幅，这个展览与善本书展览是当时一系列展览中最为重要者，构成《纪念特刊》的主体篇幅。反映了在当时北大的文科研究中，敦煌学的研究占有重要的位置，这是自向达考察敦煌时已定的文科研究方向。这个展览出陈的材料，有向达、王重民自伦敦、巴黎抄录的文书和拍摄的照片，有北大、北图及部分私人收藏的原卷，汉语、胡语文献均有；又有向达自敦煌拓回的碑铭，抄录的档案，还有中外学者所撰敦煌学论著的稿本、油印本、原著，中西文兼备。《展览概要》详述敦煌古物发现及展览的意义，并就每一件陈列品都做了简明扼要的解题，实为此前敦煌学研究的一份极佳的总结。

20世纪初中国敦煌学之“中流砥柱”——董康、陈垣、刘复、胡适、王重民、贺昌群……

在中国早期的敦煌学研究方面，虽然在某些方面不及国外，但是也有一批仁人志士，艰辛努力，在资料的整理与研究上取得了很大的成绩，在各自关注的领域内做出了杰出的贡献，就我们今天的眼光观察他们在当时的工作与研究成果，仍是一流的，表现出中国学人在敦煌学研究之初就所具有的良好的素养，为今天中国国内敦煌学的兴盛与繁荣奠定了坚实的基础，完全可以说，没有他们筚路蓝缕之功，也就不会有我们今天的辉煌大道。

此类学者群中，在今天均可以冠以学术大师或国学大师的头衔，如有前各节已述的罗振玉、王国维、陈寅恪、向达等人，更多者另如一批清末民国初年文化界贤达和学术先驱，他们有的也成为新中国文化界的带头人，他们的姓名和他们对敦煌学的学术抢救成果永远写在了中国和世界敦煌学学术史册。如王仁俊、蒋斧、董康、陈垣、刘师培、刘复、胡适、李严、袁同礼、郑振铎、孙楷第、罗常培、周叔迦、梁思成、姜亮夫、贺昌群、王重民、史岩等人。

在此不一一介绍，只选其中有代表性或特征性的几位说明一下：

董康（1867—1947），江苏武进人。清光绪二十四年（1898）进士。历任法律官提调、刑部主事、大事院候补推丞。1912年赴日本留学，习法律。1914年回国后任北京政府要职。1927年后又在上海法科大学与北京大学任教。抗日战争后任职伪华北临时政府及汪伪国民政府。后遭通缉，病死于北平。1926年至1936年因公四赴日本，见到了不少的敦煌藏经洞卷子，也看到了日本人摄自英国与法国的敦煌资料照片，并经手过刘幼云藏敦煌写本目录，一并著入《书舶庸谭》。董康长期为官，却在俗务之余致力于敦煌写卷的著录，也表达了一位中国传统知识分子的思想，只可惜后来为政府效力，晚节不保。

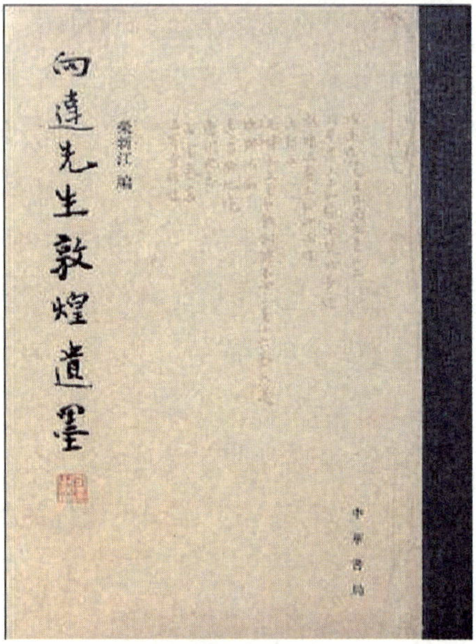

荣新江编《向达先生敦煌遗墨》

陈垣（1880—1971），广东省新会人。清末秀才，1911年光华医学院毕业，留校任教，并与人合办《震旦日报》。1917任北京大学研究所国学门导师，1922年兼京师图书馆馆长。1925年任清室善后委员会委员及故宫博物院图书馆馆长。辅仁大学成立后，长期担任校长。1928年任燕京大学国学研究所所长和历史语言研究所通讯研究员。1929年任北平师范大学史学系主任。1931年北京大学史学系名誉教授。1935年任中央研究院评议员。抗日战争胜利后，任中央研究院历史语言研究所研究员。1948年当选为中央研究院院士。1949年后，任北京师范大学校长、中国科学院哲学社会科学部委员、历史研究院第二研究所所长。在敦煌学方面，1921年参加了叶恭绰等人发起的敦煌经籍辑存会，任采访部长。就任京师图书馆馆长后，校阅整理馆藏敦煌遗书，1930年编成《敦煌劫余录》，著名学者陈寅恪为之作序，序中陈先生第一次提出“敦煌学”的概念，也喊出了“敦煌学者，吾国学术之伤心史也”的世纪声音。

刘复（1891—1934），江苏江阴人。早年参加过辛亥革命。1912年到上海，任

《中华新报》特约编译员。1913年任中华书局编译员。1917年任北京大学预科教员。1920年赴法国留学，后并获博士学位，1925年回国，任北京大学国文系教授、研究所国学门导师。1926年任中法大学国文系主任，同年参加了中瑞西北科学考察团，任理事会常务理事。此后曾任教于中央研究院历史语言研究所、北京大学国文系、辅仁大学、北平大学女子学院。在敦煌学方面，由于他留学期间，利用课余时间，抄录法国国立图书馆所藏卷子计一百多件，1925年辑录成《敦煌掇琐》一书。

胡适

胡适（1891—1962），安徽省绩溪人。早年就留学美国，先后就读或任教于康乃尔大学、哥伦比亚大学，师从著名的哲学家杜威，1917年获哲学博士学位，同年回国，任北京大学教授，编辑《新青年》，提倡白话文。1938年任驻美国大使，至1942年。曾任北京大学校长、中央研究院院士。1949年后到美国，先后在普林斯顿大学、加州大学任教。1958年任台湾“中央研究院”院长，后死于台湾。胡适早年由于主要从事中国哲学史的研究，因此对禅宗史料颇为关注。1926年借参加庚子赔款会议之便，到巴黎、伦敦查阅敦煌资料，又得到伯希和等人相助，发现敦煌卷子中一些重要的禅宗资料。1930年出版《神会和尚遗集》，主要利用了敦煌资料。

王重民先生在法国巴黎国家图书馆查阅敦煌写卷

王重民（1903—1975），河北高阳人。毕业于北京师范大学。后在北平图书馆工作，1930年任该馆编纂委员会委员兼索引组组长。1934年8月，王重民和向达一同由北平图书馆派往英法，系统调查英国图书馆和法国国立图书馆敦煌文献。1938年秋，向达先生回国，王重民则经美国，于1947回国，任教于北大中文系。王重民与向达二先生的英法之行，一方面为中国的敦煌学准备了素材，另一方面则为北大的敦煌学补充了人才。此后，王重民等先生成为北大乃至中国敦煌学研究的领军人物。

1939年就任美国国会图书馆，整理馆藏中国善本古籍。1947年回国仍就任于北平图书馆。1948年12月，北大五十周年校庆之际，举办敦煌考古工作展览，同时印行《展览概要》，由向达、王重民编写，对海内外敦煌学学术史做了完整全面的回顾。1949年以后，任北京图书馆副馆长、北京大学图书馆主任、图书馆系主任。

敦煌学方面，主要论著有《巴黎敦残卷叙录》、《伦敦所见敦煌群书叙录》、《敦煌本历日之研究》、《金山国坠事零拾》、《记敦煌写本中的佛经》等，多收入《敦煌古籍叙录》、《敦煌遗书论文集》。并编有《敦煌曲子词集》、《敦煌遗书总目索引》、《敦煌变文集》（合著）、《补全唐诗》等，均为一时代之巨著，影响很大。

贺昌群（1903—1973），四川马边人。早年在沪江大学就读，曾作过商务印书馆编译，又留学过日本，回国后在天津河北女子师范学院、北平图书馆、浙江大学、中央大学等任职。1949年后先后在南京图书馆、中国科学院图书馆、历史研究所等任职。主要从事历史研究，重点如西北史地、中西交通史、敦煌佛教艺术、汉简等方面。贺昌群是敦煌学专家。他大声呼吁国人重视敦煌学说："我们只要在这中间抓住一鳞半爪，也可以牵引起许多新问题。至于敦煌石室中所发现的古文书，以及多种语言的手写经卷的研究，那真是沃野千里，只待人开拓。西洋的东方学者以及日本人，现在已经去得远了，我国学术界目前似尚无暇及此！"他还撰写了许多敦煌学论文，从历史的高度，强烈呼吁拨款和设立专门机构管理敦煌千佛洞。主要的论文著有《敦煌佛教艺术的系统》，是国人最早从事敦煌艺术研究者之一。在担任中国科学院图书馆副馆长期间，购入伦敦英国博物馆藏敦煌写本缩微胶卷，并委派在该馆工作的刘铭恕编成《斯坦因劫经录》。

"敦煌守护神"常书鸿

常书鸿（1904—1994年），杭州市人。著名画家，敦煌学专家，第一任敦煌文物研究所所长，为敦煌艺术的保护和研究做出了重要贡献。

1927年留学法国。在近10年的学习、创作生涯中，取得了卓越的成就。许多油画作品获得金奖，为法国国家博物馆收藏。在巴黎读书期间，经常到街头看书，一次在一书摊上，他看到了《敦煌石窟图录》，伯希和编著。常书鸿打开了合装和书壳，看到里面是祖国甘肃敦煌千佛洞壁画和塑像图片300余幅。那是他陌生的东西。目录序言说明这些图片是1907年伯希和从中国甘肃敦煌石室中拍摄来的，这是从4世纪到14世纪前后1000年中的创作。这些壁画和雕塑的图片虽然没有颜色，但可以看到大幅大幅佛教画的构图。尤其是5世纪北魏早期的壁画，他们遒劲有力的笔触，气魄雄伟的构图，像西方拜占庭基督教绘画那样，人物刻画生动有力，其笔触的奔放甚至比现代野兽派的画还要粗野。但这是距今1500年的古画，这使常书鸿十分惊异，令他不能相信。他看得入迷了，卖书的人对这个显然买不起画册的中国穷学生说："还有许多彩色的敦煌绢画就在前边不远的吉美博物馆，你不必买它了，还是亲自看看再说吧！"第二天他来到吉美博物馆，那里展览着大量伯希和从敦煌盗来的唐代大幅绢画，有一幅是7世纪敦煌佛教信徒捐献给敦煌寺院的《父母恩重经》，时代早于文艺复兴意大利佛罗伦萨画派先驱者乔托700年。这一事实使他看到，拿远古的西洋文艺与我们敦煌石窟里的艺术相比较，无论在时代上或艺术表现技法上，敦煌艺术更显出隽永先进的艺术水平，这对于当时的他真是不可思议的奇迹。因为少年的常书鸿是一个倾倒于西洋文化的人，而且曾非常自豪地以蒙巴那斯的画家自居，言必称希腊罗马，现在面对祖国如此悠久灿烂的文化历史，自责数典忘祖，真是惭愧之极，不知如何忏悔才是。于是决心离开巴黎，而等待着他离开巴黎的是蕴藏着数百年前敦煌民族艺术的宝库。

1936年常书鸿回国后，他距离敦煌不是愈来愈近，而是愈来愈远。1936年回国到北平艺专。1937年二战爆发时，常书鸿全家到了上海，随后又逃难至贵阳，被炸得一无所有。一个天主教堂收留了他们一家人两个礼拜，辗转到了昆明。随后来到抗战的大后方——作为"陪都"的重庆。中国最重要的文化人也都集聚在这里。常书鸿到重庆住在沙坪坝，经常与一些老朋友如吴作人等相聚。

敦煌守护神常书鸿

一天，忽然听说于右任想请他去甘肃敦

煌筹建艺术研究所，他感到事情来得有些意外。可是六年前在巴黎那段往事，那份激情，仍旧毫不减色地在他心中。他决定去！徐悲鸿和梁思成都是他的支持者。在去敦煌前，他曾拜会过于右任先生。于老向他介绍了敦煌，认为在整个世界上都是罕见的，所以不管国家如何穷都要设法保护。但是那里是沙漠，与城市隔绝，生活十分艰苦，如果没有事业心的人到那里去，肯定是干不久也干不好的。敦煌的保护和研究关系到民族的历史、宗教、文字、艺术等各方面复杂的学问，不是一手一足短时间内所能完成的。于右任这一份沉甸甸的文化责任，与他的内心产生了强烈共鸣。他只是没有把敦煌的艰苦看得很重。等他到了安西，骑着骆驼一路西去，一步步好像离开人世一般愈走愈荒凉和寂寞时，才渐渐体会到于右任那些话真正的分量。

1942年常书鸿去了敦煌，当时重庆文化界对敦煌文化很重视，1943年正式成立了“国立敦煌艺术研究所”。

起初常书鸿是一个人去了敦煌，冬天回来时就说下决心留在敦煌工作。常先生

在洞窟临摹壁画的常书鸿先生

肩负着筹备敦煌艺术研究所的重任，经过几个月艰苦的长途跋涉，终于到达了盼望已久的敦煌莫高窟。从兰州到敦煌1000多公里的路程，到了安西，前边没有路，四外茫茫皆大漠。

一次过了瓜州口后，骆驼客告诉他们，下一站在甜水井打尖。这名字在他们心中激起一阵兴奋的涟漪，在枯燥的沙漠旅行，谁不产生对水的珍爱与向往呢。当夜在繁星之下来到甜水井，大家都盼望着痛饮一次甜水，好不容易从井里打上半桶，谁知喝到嘴里又苦又臭，刚才那种如饮玉液琼浆的憧憬一下子云消雾散了。第二天清晨才发现，原来井口周围堆满兽粪，这些水是牲口连吃带拉、长年累积的结果。一位骆驼客见到常书鸿叹息失望的心情，便说："从安西到敦煌120公里的戈壁滩上，还有这一口井哩，别看不好喝，对我们牵骆驼的人来说，可真是一口救命的甘泉！"

一路上他想到了玄奘，自古在这道上的行者，都是玄奘、张骞、朱士行、法显这样千辛万苦、百折不回的人。这并不是因为他们天生能够吃苦受难，而是他们心怀非凡的志向，还有一腔热血……于是，就这样，他来到了莫高窟。

"当一轮红日从嶙峋的三危山高峰升起来的时候，我们完全被眼前壮观的景象陶醉了。不远处，透过白杨枝梢，无数开凿在峭壁上的石窟，像蜂房一样密密麻麻。灿烂的阳光，照耀在壁画和彩塑上，金碧辉煌，闪烁夺目，像一幅巨大的镶满珠宝玉石的锦绣展现在我们面前，令人惊心动魄，赞叹不已。一股涌自肺腑的对伟大民族艺术的敬仰爱戴的心情油然而生。我们跳下骆驼，向着向往已久的莫高窟跑去。"

他来到莫高窟，在这伟大的民族艺术宝库前，深深内疚的是，自己漂洋过海，旅欧时期，只认这希腊、罗马和文艺复兴时期的艺术是世界文艺发展的顶峰，而对祖国伟大灿烂的艺术却一无所知。今天才如梦初醒，追悔莫及。而当他进入藏经洞后更不是滋味：

"当时，我默默地站在这个曾经震动世界而今空无所有的藏经洞中央的洪辩造像坐坛前，百感交集，思绪万千。宝藏被劫掠已经过去三四十年了，而这样一个伟大的艺术宝库却仍然得不到最低程度的保护和珍视。就在我们初到这里时，窟前还放牧着牛羊，洞窟被当作去金沟淘金沙的人夜宿的地方。他们在那里做饭煮水，并随意毁坏树木。洞窟中流沙堆积，脱落的壁画夹杂在断垣残壁中随处皆是，无人管理，无人修缮，无人研究，无人宣传，继续遭受着大自然和人为毁损的厄运……”

他以匪夷所思的强大斗志，与一切威胁莫高窟的事物宣战。用“拉沙排”清除数百年积存的流沙，踩着“蜈蚣梯”上上下下勘察洞窟，还要把那些被泥沙埋没的底层洞窟清理出来。最大的工程是打一道2米高、2000米长的围墙，把羊群、窃贼和沙暴阻挡在外边。为了这道墙，他还要去40里以外的敦煌县城去筹措经费，被那些刁钻又贪婪的小官员愚弄，并满足县长大人索画的欲求。新建起来的长长的围墙好像他有力的臂膀，把莫高窟拥抱在他的怀里了。莫高窟好像第一次有了温暖的家。他快乐极了。有了这快乐，哪里还管它酷日似火，寒夜如冰，还有那咸水煮的面片，拌盐的韭菜和红柳枝的筷子。

一批青年画家们从大后方来了：

史岩、董希文、李洛、张民权、乌密风、周绍森、潘洁兹等全都是优秀并志向远大的人才。常书鸿把妻子和女儿也接到这里。有了缭绕的炊烟，饭菜的香味，欢声笑语，以及女人和孩子的气息；每逢开会议事，打钟声从三危山的一边响到另一边，莫高窟变得生气盈盈。有了他们在这里安营扎寨，洞窟中天国的神仙们仿佛也恬然微笑了。

临摹研究工作全面开始，生活更加紧张而充实。

然而，正当他们干得起劲的时候，想不到的事又发生了。命运造就一个人的法宝，从来不是幸运，而是残酷的挫折和不停顿的打击。

常书鸿遇到的第一个打击实在太意外了，就是妻子受不了敦煌艰苦的生活，和别人私奔了。但在在选择事业与家庭这一关键时刻，常书鸿又回到敦煌。

尽管他承受这一次打击，可是再一次的打击同样是意外和残酷的。

1945年7月刚刚从痛苦的深渊中站起来的常书鸿，接到国民政府教育部的一道命令：撤销国立敦煌研究所，把敦煌石窟交给县政府。理由是抗战胜利，百废俱兴，资金有限，必需精简机构。这一突如其来的变故，给常书鸿一个严重的打击。他拿着命令，简直呆傻了，前妻出走的折磨刚刚平息，事业上又遭到来自政府的这一刀，真忍无可忍了。经费断绝，事业落空。日本投降后，很多人想回到过去的敌占区与家人团聚。于是，一个类似散伙的局面到来了。

真正的生活总是把弱者击得粉碎，把强者百炼成钢，在疯狂的打击下，非但没有把常书鸿与莫高窟分开，反而把他们破釜沉舟地连在一起，这真是生活的炼狱里出现的奇迹，谁能说出其中的究竟。在研究所被关闭的日子里，常书鸿奔赴重庆，与傅斯年、徐悲鸿等人为恢复研究所四处呼吁。学者和艺术家向达、陈寅恪、梁思成等用激扬的文字，造成强大声势，终于使敦煌艺术研究所得到恢复。1946年5月一批又一批年轻的画家来到敦煌，这中间许多人日后成为杰出的敦煌学者：段文杰、郭世清、霍熙亮、凌春德、范文藻、李承仙、欧阳琳、孙儒僩、黄文馥、史苇湘等人。他们更加生气勃勃，把皇庆寺的大殿作为工作间，将马厩改为宿舍，自己动手磨面粉。

敦煌艺术研究所的保护和研究工作有规划地展开：洞窟的勘察编号、标记登录、编选专题画集、洞窟维修、临摹复制，很快都见到喜人的成果。1948年8月28日敦煌艺术研究所在南京举办大型《敦煌艺展》，展出作品500幅，场面辉煌，声势浩大。蒋介石冒雨参观，于右任、陈立夫、孙科、傅斯年等都是热情观众。展出不久，敦煌图案和样式就在上海的轻工业产品上出现，这表明，敦煌样式已成了世界公认的中华文化的象征与符号。

1950年4月10日更大规模的展览在新中国刚刚成立后的北京举办，开幕前三天，周恩来总理前往展览会场参观，并对常书鸿说："我早知道你！记得1945年，我在重庆七星岗也看过你们办的摹本展览会。现在规模大得多了。"同时周恩来总理也告诉常书鸿："我看这里和云岗、龙门石窟雕刻一样，其气势之雄伟、造型之生动，使我体味到中国艺术的'气韵生动'四个字。""当然，雕刻石头上展现的是刀斧之功，这里的壁画上却是笔墨之力，南齐谢赫的'画有六法'是当时评定中国画创作的标准，想不到在敦煌壁画中得到了印证。""你们多年来在沙漠艰苦地工作和生活，主要的任务就是保护敦煌文物，介绍敦煌文物。尤其是开凿在长达一公里悬壁上的四五百个布满千百年前古代艺术家创作的雕塑和壁画的石窟，其保护工作是繁重的。从今天我看到的几百幅壁画摹本，已经看出，你们做了非常宝贵的贡献！""在敦煌400多个洞子中还有更了不起的东西，对于这些古代文化，我们必须像对待生命一样地把他们很好地保存下去。"

像对待生命一样保护敦煌石窟。对于常书鸿率领的一代人来说，可以说无愧地做到了。为了做到这一点，他们把一生都放在灼烧的沙子上，放在罕无人迹的大漠中，放在永不退却的神圣的文化信念里。整修古代窟檐，全面抢修洞窟的工作，大规划临摹复制，对河西走廊与新疆石窟的相关性考察，出版著作与画集等等。

1994年6月23日常书鸿先生逝世于北京。在莫高窟中寺他的故居，有他的青铜塑像，故居的陈设一直没有变化，他生前的保姆窦妈仍向生前一样照料常老，天天如此，年年如此。在这里可以领略一位伟大人物的生活与精神，以及他高尚的灵魂。

常先生把他的一生奉献给了敦煌艺术。在几十年的艰苦生活中，经历了妻离子散、家破人亡的种种不幸和打击，克服了难以想象的困难，但他仍然义无反顾，为保护莫高窟默默地奉献着。在他辛勤工作的几十年中，组织大家修复壁画，搜集整理流散文物，撰写了一批有较高学术价值的论文，临摹了大量的壁画精品，并多次举办大型展览，出版画册，向更多的人介绍敦煌艺术，为保护和研究莫高窟做出了卓越的贡献。他的奉献精神得到了广大人民的高度赞扬，他的一生为莫高窟做出了光辉的业绩。

【保护敦煌有功的国民党要员于右任】

于右任（1879—1964），陕西三原人。清末举人。1906年赴日本留学，加入中国同盟会。曾任过中国国民党第一届中央执行委员。1927年南京国民政府成立后，任国民政府委员，陕西省政府主席。1928年任审计院院长。1931年任监察院院长。1949年去台湾。

1941年（民国三十年），国民党监察院院长于右任视察西北来到敦煌，由当时西北检察长官高一涵陪同参观莫高窟后，认识到敦煌艺术无法估量的价值和它濒临毁灭的危机。于老敦煌之行返重庆后，即在政界、学术界大声呼吁，希望重视、保护敦煌艺术宝藏。并亲自撰写《建议设立敦煌艺术学院》的建议书，送达国民党政府。因此敦煌艺术研究所，首推于右任断事以理，有先见之明。

于右任、张大千在一起

于右任在敦煌期间，正值张大千在此临摹，与张大千有过彻夜长谈，张大千也带领他在莫高窟等地一一考察，加上张大千的美术专业水平，使得于老觉得敦煌之重要，收归国有并成立专门机构迫在眉睫。于右任不仅发文呼吁成立专门机构对敦煌莫高窟进行管理，又特意物色合适的人选，常书鸿就是在这样的情况下出任国立敦煌艺术研究所所长的。作为国民政府的高级官员，他的话有着举足轻重的作用。所以说于右任在敦煌石窟的保护管理方面有别人无法替代的作用，国立敦煌艺术研究所是在他的一手促使下成立的，此功不可没，更不可忘。

但是我们也不能因此而忽略向达先生经过敦煌的实地考察后，向社会各界所发出的呼吁，并撰文为莫高窟收归国有专门管理而进言之功。同时我们今天在肯定于老功绩的同时，也不能不说明一件事：当时于右任由张大千陪同并作向导讲解莫高窟艺术，至第130窟时张大千为了让于老看到更为精美的盛唐壁画，让人剥下了表层壁画。张大千在莫高窟的破坏行为，于老应该是清楚的，当时甘肃一带有人不断告发张大千在敦煌破坏文物一事，他也应知道，只是可能由于张大千个人的影响等社会地位关系的缘故吧，连于老这样的政府要员也“三缄其口”，此诚可惜也！

【国际“显学”敦煌学与藏经洞】

敦煌学作为一门特殊的学科，学术界是这样定义的：敦煌学是一门以敦煌石窟艺术、敦煌藏经洞出土文物、敦煌其他遗存文化和相关史料为研究对象的综合性学科。由于敦煌学所包含的资料几乎是无所不包，无法以特定的专业进行学科分类和命名，因此便以地名学，由此也显示出该学科的独特性。正因为如此，敦煌学从本质上讲，与其他各类学科不同，是没有内在规律，也不成体系，没有系统的一门学科。

为什么把敦煌学称为国际显学？主要是因为敦煌学所表现出的二个特征：

一、敦煌学是在20世纪初，由于偶然性的因素，也似乎是在极短的时间内兴起的一门学科，在此之前在世界学科史上根本没有此学科。

二、敦煌学一旦形成，便表现出在进行研究的学者专家的人员构成与地域分布上的世界性，世界各地的学者参与其中。更为重要的一个因素是，敦煌学所研究的资料与对象是在中国一个特定的地域，而从事该领域研究的人员扩大到全球范围。

由于以上两个明显的、独特的学术特性，使得敦煌学成为一门国际显学。

这样我们进一步观看敦煌学的基本因素为：

敦煌学代表敦煌历史文化，并具有国际意义，是近100年来兴起的以敦煌石窟和敦煌文献为基本内容的地域文化学。是清理、保护和研究敦煌古代文化及其周边文化关系的学科。现已发展成为当今世界的一门显学。其研究对象为社会科学与自然科学为一体的综合性学科。它的体系结构是100年来逐步形成和渐趋完善起来的。除中国、日本的学者为研究主力

日本著名画家平山郁夫与敦煌

在莫高窟第57窟临摹初唐菩萨的平山郁夫先生

外，法国、英国、苏联、美国、德国、芬兰、匈牙利、意大利、加拿大、新加坡、印度、韩国等国家及香港、台湾地区都有人从事敦煌学研究。

作为国际显学的敦煌学的产生与发展，是与敦煌藏经洞的发现有着千丝万缕的关系，甚至从某种程度上可以认为，如果没有敦煌藏经洞的发现，也就没有敦煌学，二者完全可以认为是一种因果关系。正因为藏经洞的发现，藏经洞写本文书等广泛的中古资料，一时间成为学者们关注和研究的焦点，敦煌学便产生了。而且最初的敦煌学基本上是以藏经洞资料为主体的研究，敦煌石窟艺术和其他资料的进入相对是要晚一些，

藏经洞口

或在早期所占分量相当有限。

敦煌遗书发现后，很快成为学者研究的热点，并成为一门为世界学者所关注的学问——敦煌学。由于中国的社会政治形势的原因，最初我们的研究一直落后于别国，因此曾有传言日本学者有“敦煌在中国，敦煌学在日本”之话。虽然听起来不顺耳，也从一个侧面说明了敦煌学的国际显学的性质。当然我们也并不能因此而说早期中国的敦煌学研究就真的严重落后于人，早在20世纪的前期，罗振玉、王国维、刘复、陈寅恪、陈垣、向达、罗福长、王重民等学者纷纷撰文并著书立说，广搜国内外敦煌遗书进行整理与考证，做出了极大的贡献。这些都是以藏经洞资料为主要资料的研究。

敦煌学发展到今天，虽然学科的发展与建议进一步合理化、科学化，也尽管敦煌学成了一个“学术的海洋”，但是总的资料仍是三大块：即敦煌石窟艺术、敦煌藏经洞文物、敦煌周边地区的文物。因此藏经洞资料仍是主体的一部分，而且由于敦煌藏经洞资料的分散保存于世界各地，因此在以敦煌藏经洞资料为主要研究对象的研究仍是国际敦煌学的主流，也仍然走在敦煌石窟艺术研究的前头。

空空的藏经洞室

【藏经洞余说】

敦煌还会发现“藏经洞”吗

既然在莫高窟发现了一所“藏经洞”，那么就有发现第二、第三“藏经洞”的可能性，因此在敦煌莫高窟是否还有“藏经洞”一直是人们关心的一个问题。

要回答这个问题，其实就是要对以下几个问题作出回答：

1.敦煌还可能会发现“藏经洞”的逻辑推理与理论根据。

敦煌莫高窟有南北二区，共有大大小小的洞窟七百三十五所，而且这个数字是我们现在看到的现存数，如果加上被人为和历史、自然原因破坏的，就更多了。敦

莫高窟北区石窟群

加固前的莫高窟面貌

煌藏经洞第17窟是位于南区大窟第16窟甬道北壁的一小禅窟、后为僧人影堂改造而成。在莫高窟南区洞窟当中，和第16窟一样大小或近似大小的大中型洞窟数量在百窟以上，这些洞窟大多都可以在甬道开小窟，而事实上在晚唐五代时代，就有一批洞窟的甬道南北二壁或前室西壁的门南北均开一小窟，大小是比较适合于藏东西的。另一方面，莫高窟南区洞窟与北区洞窟中的一大批数百所小型洞窟，其中有一部分就和第17窟藏经洞大小相当。既然在第17窟可以藏入如此量大而又十分重要的中古时期的写本文书及绘画等艺术品，那么在莫高窟其他类似或可能的地方有同样情形的可能性就很大。

2.敦煌石窟还有没有新洞窟？

当然就现存的洞窟来讲，虽然理论上来分析是可以的，但是由于这些洞窟已经全部实实在在地开放着，因此也就为再次发现藏经洞的工作提供了进一步的要求，即寄希望于新洞窟的发现。因为第17窟藏经洞本身就是新的洞窟的发现而导致了藏经洞的面世。敦煌石窟，是敦煌地区石窟的总称，包括莫高窟石窟、榆林石窟、西千佛洞石窟、东千佛洞石窟、五个庙石窟。这些石窟分布在现今的甘肃省敦煌市、安西县和肃北县境内。目前已经发现石窟八百一十二个，其中分别为莫高窟七百三十五个、西千佛洞二十二个、榆林窟四十二个、东千佛洞七个、五个庙石窟六个。这些石窟分别建于公元四至十四世纪，最早为前秦建元二年（366），其余建于十六国、北魏、西魏、北周、隋、唐、五代、宋、西夏、元等不同时期，这些石窟有相当一小部分是20世纪中叶考古工作者通过清理淤沙与时行窟前殿堂建筑遗址的考古清理发掘时才发现的。甚至在现窟前地面下4米的深处都有洞窟发现，如莫高窟南区洞窟第487、489等窟，在莫高窟北区石窟中有部分洞窟就是完全被流沙所掩埋。

那么，敦煌还有没有未发现的石窟呢？经过敦煌研究院多年的考古工作，先后在莫高窟南区、北区石窟的不断新发现，特别是近年又在莫高窟对面、大泉河东岸

莫高窟崖面现状

和城城湾一带发现了新的洞窟，还没有进行考古清理发掘，因此在莫高窟发现新洞

窟的可能性极大。在其他几个如榆林窟、西千佛洞等，也存在同样的问题。因此在敦煌地区特别是几大石窟群，如同1900年藏经洞的发现一样，一所新洞窟的面世是有可能性的。

3.敦煌是否还有存在发现藏经洞的迹象?

在莫高窟石窟群，几乎所有洞窟的各壁都看不到砾石面，完全被壁画所覆盖，壁画后面是不是还会有小藏室就无从得知。

此外，在基本上三分之二以上的洞窟的前室或甬道都有重修或改动的痕迹，因此这种与藏经洞第17窟的封闭的现象完全一样的情形，是否为相同的原因，无从得知。

由于莫高窟的每一件东西都是文物，都是国宝，因此在没有法律和法规的批准的情况下，莫高窟每一所洞窟的每一寸壁画都不能随意人为地改动与产生变化，考古工作也不能例外，因此所有的猜测都仅限于此。

综上所述，结合到在莫高窟不断有新发现的客观事实，再联系到敦煌地区，特别是莫高窟洞窟营建开窟活动千年不断，寺院香火长盛不衰，藏经洞的发现等一系列因素与现象，在莫高窟再次发现藏经洞的可能性是存在的。这是个千古历史悬案，不知何时得见分晓。或许有一天借助于现代高科技，对此问题可以给一个很好的答案。

敦煌“第二藏经洞”

敦煌藏经洞闻名世界，震惊海内外，敦煌还会不会发现藏经洞，笔者已在另节作了回答，但无论如何，这只是一个推测，在没有发现之前永远都是个谜。但是在敦煌发现较大量文书写本的事情仍有，如在1944年8月30、31日敦煌文物研究所在莫高窟中寺后园土地庙中发现了一百多件敦煌写经，以及到20世纪80年代和90年代在莫高窟北区石窟的考古清理发掘中出土了大量的写本佛经等遗书，正因为如此，在敦煌学界已有人提出了敦煌“第二藏经洞”之说，此“第二藏经洞”所指的是位于莫高窟北区石窟群中西夏时期的洞窟第464窟。第464窟现在留存有西夏时

莫高窟北区第464窟前室

期的壁画，主要以反映《华严经变》中“善财童子五十三参”为主的内容，是以回鹘文书写题记。西夏时期在敦煌河西一带，汉文、回鹘文、西夏同时并行，沙州回鹘的语言文字仍在使用。第464窟是西夏人在原有一洞窟的基础上改修而成的，用土坯堵塞了以前洞窟的部分，然后再把洞窟分成前后两部分。

1908年法国人伯希和继英人斯坦因之后来到敦煌莫高窟，伯希和对南区洞窟进行拍摄记录，重点对藏经洞进行了从头到脚的翻检，同时也对莫高窟北区石窟中的第464、465等重要洞窟进行了考察，清理中发现了大量的文物。按照伯希和的记录，当时第464窟内堆满了各种文物碎片等，在经过适当的清理之后，伯希和他们发现了诸如有大量的回鹘文木活字近千枚，也有为数不少的汉文、藏文、婆罗密文、蒙文等残卷，还有相当数量的西夏文的纸页，并有一本完整的蒙文小册子。这些东西现在全分藏于英、法、瑞典、日本等地。

在伯希和之后，20世纪40年代张大千在敦煌临摹三年，其间对莫高窟北区石窟进行了挖掘找宝，发现了大量的写本残卷，现多流散至日本天理大学图书馆收藏，其中也应有第464窟的东西，第464窟这样在莫高窟北区石窟群中占据重要地位的洞窟是不会被轻易放过的。

这些资料收藏的具体情况和内容为：

1. 瑞典民族学博物馆藏，主要有《中阿含经》、《杂阿含经》、《别译阿含经》、《增一阿含经》、《大方文圆觉修多罗了义经》、《入阿毗达摩论》、《阿毗达摩俱舍论》、《妙法莲花经玄赞》、《金光明最胜王经》。

2. 日本藤井有邻馆，主要有《阿毗达摩俱舍论》。

3. 日本于田亨氏藏，现下落不明。

4. 日本天理大学图书馆藏，这部分主要来自于张大千的收藏品，上面多有张氏题记，也可能有莫高窟北区石窟其他洞窟的东西。

5. 法国国立图书馆。

6. 大英图书馆。

莫高窟北区部分外景

国立敦煌艺术研究所时期，在此窟曾发现过一位元代公主的部分尸体，至今还在敦煌研究院藏有她的一只脚，说明在元代此窟曾作为埋葬公主的瘗窟，当时也必定随葬了不少的东西。

20世纪末敦煌研究院考古研究所在时行莫高窟北区石窟的大型考古清理发掘工作中，又在464窟发现了为数不少的各种文字的写本残片，同时还发现了多枚回鹘文木活字，现藏于敦煌研究院陈列中心文物库房。

正因为在464窟发现了如此丰富的各种文字的写本残卷，有大量的回鹘文木活字，又发现了元代公主的墓葬，因此把该洞窟称为敦煌“第二藏经洞”也并不为过，只是需要说明的是此种“藏经洞”之名，要与藏经洞及我们有介绍说明的第469窟石室藏经区别开来，不可混为一谈，二者有所区别。

而事实上在莫高窟464窟这样的洞窟并不仅此一窟，还应有更多，只是由于经过历史和人为的原因，现均已不存，比如说在莫高窟北区石窟考古工作中，有一些洞窟内集中发现大量的写本残卷，有的洞窟甚至可以见到成堆的写经碎片，都是藏经的原因所致。

石室藏经又一例——新发现的莫高窟第469窟

佛教寺院和石窟都有藏经的习惯做法，敦煌藏经洞就有代表和典型例子。从现有的敦煌文献可以知道在敦煌的历史上，各寺院的抄经和写经活动十分频繁，个人的抄经与施经活动也是极其常见，他们主要是作为供养而发愿抄施的，这些都是寺院藏经和供养的主要内容。也就意味着在敦煌的各大寺院和莫高窟石有相当数量的藏经。但到目前为止发现和知道属于此类者极其有限，藏经洞是个最有代表性的例证。但是藏经洞作为石室藏经并非在莫高窟是孤例，如果说作为敦煌“第二藏经洞”的第464窟有可能是废弃物堆积的话，莫高窟第469窟作为石室藏经是没有任何问题的。

莫高窟469窟发现于1952年，位于第53窟北壁，第53窟是1948年才发现的，当时洞窟已被积沙掩埋，后来又在第53窟的北壁发现了作为53窟附洞的第469窟，二者全为中唐时期的洞窟，后来到了五代时期进行了扩建重修，才形成今天的样子。

第469窟坐北朝南，覆斗形顶，东、西、北三壁各开一录顶帐形龛，各龛内各置阁架一层，在最初发现洞窟时，阁架上均有碎纸片不少，并在北壁龛外西侧墨书题记三行，全文的意思是曹氏归义军时期的953年八月十五日——正是中国人传统的节日中秋节的时间，作为归义军节度使的“府主太保”曹元忠，在莫高窟洞窟上举行了一个有二千人规模的大型斋会。设斋就一般要转经、度僧和施舍，在敦煌藏经洞中有大量的文书记载当时的大族官僚为了功德进行大型斋会的活动，其中开藏转经是最基本的活动之一。469窟架子上的经片就是这次开藏转经的遗留。只是到了后来在重修53窟时，堵塞了469窟，同时取出了架子上的经卷，只留下了藏经的遗痕。也就是说在此之前此处是一处藏经的地方，虽然藏经取走了，但是放经的架子仍然留在洞窟内，并且是原封未动，也没有最后清扫，碎经片仍保留了下来，成为我们今天认识该洞窟作为石室藏经的重要依据资料。

469窟作为石室藏经，因为有明确的题记和遗存可证，从一定的意义上讲，是要比藏经洞17窟更符合寺院藏经的要求，因为17窟毕竟是洪辩的影窟，而469窟是典型的藏经处。只是由于17窟由于其特有的性质和原因，使得比469窟藏经处闻名

莫高窟底层殿堂建筑遗址平面图示

多了，469窟因为没有留下任何完整的经卷文书，所以也只有默默无闻了。

寺院藏经处的建置是有一定的仪轨和要求的，并不是随意所为。传统的寺院一般是坐北面南，或是南北方向，寺院藏经楼或藏经阁一般位于东侧。莫高窟洞窟学者们认为是完全按照寺院结构布局的，即一所洞窟象征或代表着一所完整寺院，各类壁画就是寺院各部分结构所代表的思想意义的体现，莫高窟16窟、53窟者就是如此，其中分别位于甬道北壁与主室北壁的17窟藏经洞、469窟藏经室，就是代表着寺院藏经的意义，符合佛教寺院规范。所以按照这个思想和方位关系，寻找莫高窟可能更多的藏经洞窟，或许也是个可行有效的方法。

莫高窟“三层楼”目记伤心史

在莫高窟有几处标志性的建筑，主要是位于南区洞窟，由南而北它们分别是第130窟“南大像”、第96窟九层楼“北大像”、第428窟垂直线“小牌坊”与“古汉桥”、第16、365、366三窟垂直线“三层楼”，构成了莫高窟崖面的基本分区，由南而北把莫高窟南区洞窟分为四个基本区域。除古汉桥现早已不存在以外，其他都仍存在。但我们可以在20世纪初的照片中看到古汉桥的面貌。

其中“三层楼”与藏经洞关系密切，三层楼应该是目睹了藏经洞文物流散伤心史每一幕的历史见证，物虽不言，心系相通。

三层楼最早形成是在晚唐张氏归义军时期，因为上中下三层洞窟均由洪辩所主持营建，虽然我们见不到当时的三层楼面貌，但是由于当时在各层洞窟前室建有木构窟檐，底层大窟前建有大型木构殿堂建筑，此由洪辩都僧统营建之大窟“吴和尚窟”第16窟与“七佛堂”第365窟一定不会例外。现在所见三层楼是在原来的残破基础上，在1906年时由敦煌当地的士绅们组织修建而成，当时王道士也参与该工程，并利用这一基础，紧接其后为自己在三层楼对面营建道观“三清宫”下寺，成为王道士在莫高窟和敦煌地位与身份的象征。

至今仍保存于16窟甬道南壁的记载三层楼重修的功德木碑《重修千佛洞三层楼功德碑记》，是我们了解三层楼在当时重修的重要资料。此碑为木质阴刻，碑首浮

莫高窟窟前殿堂复原效果图示

雕双龙戏珠图案，高230、宽89厘米。记有王道士发现藏经洞事，并说明三层楼的营建主要与王道士的努力有关，参与营建的除敦煌本地一些官员乡绅之外，又有王道士的徒子王明发和赵明裕。

为什么当时王道士等敦煌社会名流选择在这个时间修建三层楼，而莫高窟更为重要的北大像和南大像却或在之后很久或根本就没有重修，对莫高窟而言三层楼所地位置并非最重要者。我想其中的原因，当与藏经洞的发现密不可分。因为在1900年发现了藏经洞，由于经卷写本与大量文物的外流，首先当地老百姓特别是士绅们知道了，古董的大量出土，人们一定还是十分喜欢的。更重要的是，在莫高窟这样一个佛教圣地，敦煌人们世世代代都要年年月月朝拜的地方，突然一下子发现这样一个藏有佛教圣物的洞窟，一定是既惊又喜，于是作为表达他们特殊心情的第一步就是在藏经洞的发现地建功德，他们选择了重修三层楼。只可惜的是，当地的人们善良地看待了王道士，把看管藏经洞的任务交给这样一位从外地来的道士，而王道士与敦煌本地人不一样的是，他没有那么虔诚，也没有那么诚实。这样就让我们知道为什么王道士在卖给斯坦因文物时，一定要斯坦因答应保守秘密的原因。也让我们知道为什么在王道士晚年一定要靠装疯卖傻过日子，因为他无法向信任他的敦煌老百姓交代。同时我们也明白为什么作为当时来讲十分豪华的王道士“三清宫”即“下寺”很快在三层楼完工后一年时间就挂牌竣工了，因为还是靠了当地老百姓和士绅的资助，只可惜这位外来的假道士把敦煌人对他的信任变成了他行骗的好机会。

16窟内含藏经洞17窟，正由于如此，加上藏经洞的发现者王道士的三清宫正位于三层楼对面，二者相距仅有十米，因此三层楼也就与藏经洞息息相关。

三层楼见证了藏经洞的发现与文物每一件的流失。

想当初斯坦因、伯希和这些外国魔鬼来到莫高窟后，一定是目不转睛地盯着三层楼内的一举一动，他们也一定是在三层楼内一次又一次地徘徊驻足。想当初王道士和斯坦因、伯希和等人的秘密交易一定都是在三层楼内进行的，同时也就是在三层楼内完成了一幕国宝被盗骗的伤心史。

三层楼如果有灵魂，一定是伤心至极。

今天的三层楼，仍用他博大的胸怀迎接每位世界各地前来瞻仰敦煌莫高窟、与一睹藏经洞真实面貌的人们，默默展现着藏经洞的所有历史。

立在莫高窟前的民族耻辱柱——道士塔断想

王道士在民国二十年（1931年），死于莫高窟下寺故居，在他死后，由弟子赵明玉和徒孙方至福在莫高窟大泉河对岸的戈壁滩上为王道士建一墓塔，至王道士去世百日时立塔树碑。塔为土塔，方形砖包塔基，主体为一宝瓶形，土坯砌成，外以草泥覆之，塔刹为三级葫芦形，烧制而成。墓塔坐北面南，正面镶一木质墓志。此墓志是研究王道士及其与莫高窟、藏经洞关系的重要资料之一，其中记有王道士简单的生平，在莫高窟的活动，也有对发现藏经洞之事的记载。该墓志为木质阴刻，高174、宽75厘米。碑首中面篆刻“功垂百世”四个大字，其两旁各刻一龙。文字四周一圈回文图案。文字竖写，从右至左。从早年的照片可以看到，当时道士塔前有三个小坟堆，甚为特殊，周围较为空阔。

道士塔墓铭

对莫高窟而言，需要记住的名字太多太多，从第一个到莫高窟开窟的屈东而来的僧人乐尊和尚，到今天在莫高窟天天扫沙的老人，只是几乎绝大多数的人在历史的长河中犹如流星一样划过晴朗的夜空，只有少数的人才被历史所记忆，王道士就是这样一位幸运者。

历史上的莫高窟人，即使有幸被记忆的，也不过是被画在了洞窟的一角，书上自己的大名，尊如张议潮、曹议金之流者也就仅二三人而已；又可以如洪辩一样有自己的影堂、写真像者也不过二三人数，王道士比他们有过之而无不及，居然有自己住持的道观，也有后人为之建造的道士塔。

记载在莫高窟历史中的每一位人，或是虔敬的僧人工匠，或是善良的香客游人，也有不远千里万里朝拜者，还有为莫高窟奉献了自己一生的人……唯独王道士是个例外，很难说清楚他是正面还是反面形象。

莫高窟是佛教圣地，却为一位道士留下了重彩浓墨的一页。

道士塔下的王道士，就是这样一位永远被莫高窟的历史所记载的人。

道士塔立在莫高窟大泉河东岸的戈壁滩上，周围是僧人们的舍利塔，只是看起来道士塔要比僧人们的舍利塔雄伟、有气势，历史就是这样的具有戏剧性。

道士塔

僧人们的塔，只有形象，没有记忆；而道士塔，镶嵌着王道士的功德木碑，而且是用很工整的楷书刻上去的。

那些建造了莫高窟的僧人工匠们早已被历史忘记了他们的姓名，或者说他们原本就没有留下任何属于名与利的点滴，他们的一生只为打一个窟、塑一尊佛像、画一壁佛画、扫一生的窟沙。

而王道士来到莫高窟，打坏了不少的像与画，把藏经洞的僧人们的宝藏一次次地变卖，毫不吝啬，结交了不少的官员名士，连洋人也成了他的好朋友，死后还要在莫高窟为自己树碑立传——道士塔。

听说莫高窟的道士塔成了中国名塔，进入了一本叫《中国名塔》的书中，不知该喜，还是该悲。

每天都有人前来认识道士塔，道士塔也成了莫高窟一景，我时常想宁愿就根本没有这一景。为了这一景，我们的损失太大，我们的心伤得太深，我们的心也一直在痛。

时常在耳边听到有人很轻松地为游人随意地介绍道士塔，也可以看到在塔下留影的人络绎不绝，其实我的心中并不好受。这个塔是中华民族耻辱史的象征，是敦煌永远无法痊愈的伤口。不知道讲述者有没有心痛的感觉，也不知道留影者是为自己还是为历史作记忆。

经常我不敢正视道士塔，因为真的有些不愿回忆历史上一幕幕的真实，但是知道自己又必须正视历史，因为只有正视之，才会挺起胸膛，才会有民族尊严。正如今天，道士塔一次次地被修补，不是因为纯粹的修补，也不是为了王道士的荣誉，而是为了让在以后更长时间每一位来敦煌的人都记住历史，正视历史。因此仍需要讲解，只是不要太轻松；也需要留影，是让自己记住历史。

来敦煌，请别忘了到道士塔前看一看，是要用“心”去看……

敦煌百年祭

道士对佛窟的虔诚，打开了一扇尘封了千年的门，这是一百年前的中国西陲。

现藏印度新德里国家博物馆的藏经洞绢画观无量寿经变

此时的敦煌早已不是汉武盛世的重镇，天马的故乡空留下一滩不大的湖水；也不是匈奴人的牧场，只有古董滩的诉说，与荒漠中的累累古冢。今天莫高窟前盛夏如织的游人们，有几个可以想象到昔日敦煌的兴盛与衰落，古佛窟中的色彩最多也是引起几声不痛也不痒的叹息，一个民族的历史与沉痛，是要用心灵去体悟。

20世纪初的丝路古道上，有几个外国魔鬼的身影在烈日与寒风中蠕动，他们是斯坦因、伯希和、吉川小一郎、俄登堡、华尔纳，敦煌在劫难逃。可怜无知的王道士被他们骗了，事实上受骗的不是王道士一人，而是一个民族，一个国家，一个时代，连同那五千年的文明也不能幸免。今天深藏在异邦他国的敦煌的一纸一字，是目睹这一国际骗术活动的见证人。它们多想回到生长的故乡，多想闻一下乡土的气息，多想晒晒敦煌的太阳，多想经历沙州的风沙，梦想着驼铃的叮当……英伦、巴黎、东京……国际现代化大都市的霓虹灯多么的陌生。何时才是回乡的路，在外的

莫高窟第130窟大佛南大像

瓜州榆林窟

游子一声声的问。百年前的生生别离，朴实的敦煌人，我们的心时时在痛。

百年前身在甘肃的叶昌炽不能西行一步，只留下几笔文字；京城的老爷们扼腕叹息，也没有一人愿意走出书斋；国内没有几个人知道敦煌与石室藏书时，在西方敦煌成了一个神话，一个迷，一颗再度点燃的丝路明珠。当我们今天看着斯坦因等身的著作、伯希和的汉学天才时，那时间国内从事且可以站在世界学术行列之敦煌学者唯二三人而已，且是书斋文章，痛定思痛，迷失了方向。迷失使我们错位了几十年，落后了半个多世纪。敦煌学的再兴，敦煌的再盛，是搭乘着开放的东风而来。四十年的奋发，证明炎黄子孙并不比“隔壁老二”和吃西餐者笨。敦煌在中国，敦煌学也是我们的学问，只有我们才是最了解老祖宗者，玩方块字本应是我们的本分。

二十一世纪是属于敦煌的世纪，二千年盛夏的敦煌，聚焦了世界人的目光。虽然我们并不需要这种热闹，莫高窟也无须哗众取宠，因为她太厚重，身担着历史与文明。但莫高窟前的盛会，再一次说明了敦煌永恒的魅力。一个民族的心路历程，伟岸的三危山与神奇并诗一般的鸣沙山，还有神之水大泉河，伴敦煌日日夜夜，看莫高窟朝朝夕夕。百年前最痛心的一幕，也映在深处，母亲一样的深沉，哀叹化作激励，期待着敦煌更加美好的明天。

藏经洞——国人永远无法愈合的伤口

如果到敦煌不去看一眼藏经洞，那就等于没有来过敦煌，藏经洞成了敦煌的代名词。虽然藏经洞本身并无法代表和象征敦煌的全部含义，但是藏经洞意义的升华已超出了它本身固有的概念。

别小看藏经洞，一百年前，这个小小的洞窟，成了西方列强的梦想。也因为这个小洞，沉寂的西部不再宁静。

今天看藏经洞，并不是只为观一眼那空空的敞开的小洞，而是用心灵去感悟历史最为惊心动魄的时刻和一幕幕劫掠史。

我极不愿看到藏经洞那张开的门，如同完美肌肤上的一道伤疤，深深的，沉沉的，压得人喘不过气来。

事实上，这就是一道伤口，是中华民族身上的一道很深的伤口，而且是一道永远也无法愈合的伤口。可以毫不夸张地说，藏经洞文物的流散史代表着中国的近代史，是一个独特时代的缩影。

这道伤口上刻画着的历史，是一个民族最为难忘和最为沉痛的历史。

不是要特意提及伤痛，只是觉得有必要为一个正在忘却记忆的民族提个醒。这个伤痛，曾几何时惊醒过一个民族。

对藏经洞记忆的思绪，是要穿过一个多世纪，和更久远的历史，也是要漂洋过海到英伦、巴黎、东京、纽约……要用世界的眼光，绝对不可小而等之。

藏经洞连着的也不仅仅是中华民族的根，也有世界人的眼光，一门学问和一个神话，都从这里延伸开来。

那道门，就让永远地敞开着；这道伤口，请不要无谓地缝合；伤痛不要回避；

历史不可忘记……

我宁愿走在藏经洞的伤口上，体味痛之又痛的感觉。

今天的敦煌莫高窟

敦煌藏经洞已成为历史，但是藏经洞的故事并没有完，藏经洞的影响永远都会留在国人的心中。今天人们一提起敦煌藏经洞，就马上会联想到中国西北文物的流散与一部中国学术的“伤心史”，也包含着我们民族的一部耻辱史。的确，历史是不能忘记的，因为传统不能丢。也就是说，从某种意义上讲，敦煌二字成了促进中华民族求进富强、奋发向上的感召，只因为敦煌的屈辱史，其实更多的是敦煌所深含着的博大的民族精神与传统文化，敦煌是中华文明的一个缩影。

因此，今天，我们关心敦煌，其意义不仅仅是对敦煌的一点了解，或者说是对敦煌的一丝眷恋，以及对藏经洞的铭记，而是自己的历史，关注我们的未来。故而有必要再次走入敦煌，走入莫高窟，了解一下今天的敦煌莫高窟——藏经洞的故乡。

今天的莫高窟由国家设立的专门机构——敦煌研究院，敦煌研究院是敦煌学研究的科研单位，是目前世界上最大的敦煌学研究实体，也是保护敦煌石窟（莫高窟、榆林窟、西千佛洞）和其他文物的文博单位；是爱国主义教育基地，也是旅游接待单位，更是我们国家对外宣传和接待的窗口。

20世纪50年代敦煌文物研究所职工合影

敦煌研究院的前身是成立于1944年的敦煌艺术研究所，新中国建立后于1950年成立敦煌文物研究所。1984年1月15日，经中共甘肃省委批准，成立敦煌研究院。敦煌研究院现已成为全国乃至全世界的敦煌学研究中心。是在敦煌文物研究所的基础上扩建为敦煌研究院。敦煌研究院由院党委、院务委员会、院学术委员会分别主管院内的党务、院务、科研工作。院党委下设党委办公室，院部下设行政办公室、人事处、保卫处。学术委员会兼办科研处的工作。专业部门有石窟保护研究所、美术研究所、考古研究所、文献研究所、石窟文物保护陈列中心、信息中心、学术委员会、接待部、藏经洞陈列馆等。另外，在兰州设有分院。敦煌研究院从20世纪40年代的敦煌艺术研究所创业始，经过几代人艰辛的工作，在敦煌石窟的保护和研究，敦煌艺术和敦煌文献研究、敦煌文化弘扬等方面都有辉煌的业绩。特别是八十年代以后，遵循“保护、研究、弘扬”的工作方针开创了新局面，各方面的成就令世人瞩目。

莫高窟北魏第254窟禅定佛

今天的敦煌莫高窟一片生机，沉寂了几百的佛教艺术再次焕发出灿烂的光芒，新时代的敦煌又成了世界关注的焦点。

莫高窟第103窟唐代画师笔下的维摩诘

【藏经洞百年寄语：二十一世纪敦煌学展望】

“敦煌学”作为一门特殊的学科，界定在社会科学研究的各个领域当中，却又被排斥在现今“敦煌研究”所包含的众多学科之外，有着十分密切的关系却无血缘的纽带，因此也便自立门户，独步于各专门学科之外，另辟蹊径，以地名学。敦煌学若究其本质则是一“大观园”、大杂烩，充当着擦边球的角色，再边缘不过了，有着“四不象”的特征。虽然从宏观上和大的学术框架内可以把敦煌学安置在历史的自由王国中，至少也可以作为历史的一小小的分枝和远房亲属。但不管怎么样，迷茫中可以走出困惑的是敦煌学也居然可以在学术的王国中生机盎然地存在着，同时不同学术圈子中的学者们均有程度不同地参与“敦煌”与“敦煌学”的研究。但也幸好有那么一个不大但也不小的“敦煌学”专家学者群体，他们专一于“敦煌研究”，当然也不会对“敦煌”表示怀疑，自认自己的事业崇高而可为！试问若没有对敦煌的敦煌学研究，那么其他史者又怎样去发掘并利用敦煌的资料呢？未来的日子，仍需要不同领域和方向的专家学者们大量进入敦煌学当中，在各自用功的题目上有所作为，更主要的是在于不同专业的学者专家们的相互交流与取长补短，以对付敦煌资料的繁杂，也是求得研究的尽可能的科学与准确。

一个多世纪的敦煌研究，是包含着该学科从无到有，从开始、发展、前进和繁荣的百年历程，喜忧参半，因此我们不能只沉浸在百年的欢庆之中，毕竟走过的仅是一小段，一个开始而已，要走的路则漫长而艰辛，疑惑甚多，困难重重。上一个世纪的敦煌学研究，国人尽管有着谁最早开启这一学问的争论和分歧，当年我们很是为日本学者“敦煌在中国，敦煌学在日本”的论断而大为不快，但毕竟那是一个不可争辩的事实，学术研究要靠实力说话。还好，国人学者们的努力，终于我们可以说“敦煌在中国，敦煌学在世界”这样大度而铿锵的发言，有着学术“大同”的味道。但从中也似乎品尝出我们自己的研究水平仍并未超出别人的感觉来，什么时候中国的敦煌学研究可以站在当年日本人口出狂言的位置呢！请别惊慌，这并不是沙文主义，而是总觉得我们老祖宗的东西、自己的历史让操非汉语者指手划脚做老大，不是个滋味，说明的并不是无涵养，无包容性，无气度，无见识，眼光短浅，而表明的则是我们自己的功力不够，功夫尚浅，水平有问题。何况在学术研究上做个老大又有什么不好的呢！人人不都很敬仰学术权威吗！希望在于21世纪的“新生代”敦煌学人。

话是这么说，可是该怎么样去做则是个大问题。

展望之一：我们缺少构建一些大的课题项目的魄力，当然更是没有进行深入探究的功夫。敦煌资料极其丰富，同时其包容量无穷无尽，这样便为学者们从事一些大项目大课题提供了方便，过去的百年我们看到的仍是日本人的成就，如松本荣一《敦煌画研究》，矢吹庆辉《三阶教研究》，多卷本《讲座敦煌》，多卷本《西域文化研究》，《大谷文书》，池田温《中国古代籍账研究》和《敦煌写本识语集》，日本讲谈社《西域美术》，仁井田升《中国法制史研究》，池田温主编《敦煌吐鲁番文书》多卷本，以及众多学者对民族文献历史的研究等等，这都是极其有分量和研究水平的成果，某种程度上均有着经典和典范的作用，也是在各自研究领域内的代表之作。而国内的研究唯有王重民等《敦煌遗书总目索引》、敦煌研究院编《敦煌莫高窟供养人题记》、《敦煌石窟内容总录》，武汉大学等《吐鲁番出土文书》，江苏古籍出版社系列《敦煌文献分类叙录丛刊》，上海古籍出版社大型系列丛书《敦煌吐鲁番文献集成》，如有《俄藏敦煌文献》、《俄藏敦煌艺术品》、《俄藏黑水城文献》等50余册，甘肃人民出版社《甘藏敦煌文献》，又有台湾新文丰出版公司系列《敦煌学导论丛刊》。二者相比之下，我们的研究欠少而资料占多。因此21世纪的敦煌学研究，我们必须走出困惑，在研究领域内构建一些有分量的课题项目，要有“竭泽而渔”的精神去进行每一项工作，做便做得彻彻底底。特别值得注意的是敦煌石窟艺术，无论从考古学、图像学、宗教史、艺术史等方面均有着极大的研究空间，这里有很大的学术开发潜力。

展望之二：人才的认同，亦即知识结构的重建，具有复合型知识结构的专业人才培养迫在眉睫。走过的路是一百多年的学术历程，在某种程度上可以说单项领域和专题研究更多一些，也已使得敦煌学圈子里，百花齐放，百家争鸣，但是敦煌资料本身的繁杂性和广博性又使得学科本身又要求研究人员知识结构的宽阔性，敦煌学本身便是集历史学、考古学、佛教、美术、艺术史、图像学、文献学等众多学科为一体的一门特殊的对中国古代和中国文化的综合研究，因此便要求从事敦煌学研究的专门人才必须或尽可能多地掌握这些知识，至少也是要有所了解，绝不可“一叶障目而不见森林”。当然，人才的培养特别是复合性专门人才的培养是一个漫长而又要求我们有足够的各种条件，特别是在体制上和思想上的大解放与快速调整，又是一个更为复杂的过程。

展望之三：打破学界圈子和地区与国界的限制，以敦煌为中心建立一个世界意义上的敦煌学研究中心与信息中心，进行“请进来、走出去”的学术交流活动。真正地学术大同，时至今日之时代，学术交流已为共识与趋势，而敦煌学作为一门国际学术，更是不必多说。敦煌学由于其本身的特殊性和复杂性，研究人员与研究领域的广博性，使得敦煌学者们在进行交流时的艰巨性增大，有时甚至是不可能的，两个人进行同一项目，而由于各种客观与主观的因素交流是非常之困难，特别是对于一些年轻学者们。但是敦煌学又有一个其他学科无法拥有的先天优势与条件，那就是只要是从事敦煌学研究或相关研究的学者们无论各自有多大的陌生与差距，但有一点是共同的，那就是各自心中共有着一个学术的圣地与纽带——敦煌。这一点我们可以从历次在敦煌召开的敦煌国际学术会议，以及一年四季不断来敦煌参观学习的各国各地区的学者们济济一堂的情形充分得到印证。因此敦煌是敦煌学的中心当之无愧，在敦煌应有长期的和经常性的国际性学术讨论活动，或大或小均可以；敦煌应有全世界最好的和一流的敦煌学资料库，这一点敦煌研究院资料中心已部分地做到了；第三，敦煌应着眼于世界的敦煌学人才培养基地，敦煌理所当然地是培养敦煌学人才的最好的和最为理想的地方，因为敦煌拥有包括各方面的进行敦煌研究的最佳的条件；第四，敦煌应成为进行敦煌学课题论证与分配并相互调节的学术中心，要求有国际上一流的学者专家参与其中。

【参考书目与文献】

一、主要参考论著

Serindia—detailed report of explorations in central asin and westernmost china,by Aurel Stein, K.C.I.E.By arrangment with Oxford University Press,London, First Edition:Oxford 1921.Reprint:Delhi,1980.

Documents Conserves au Musee Guimetet a la Bibliotheque Nationale: Documents archeologiques，by Mission Paul Pelliot。

[1]《沙漠契丹废址记》(Ruin of Desert Cathay)，斯坦因著，伦敦麦克米伦公司出版，1912年。

[2]《陇右金石录》，张维著。

[3]《缘督庐日记》，叶昌炽著。

[4]《西行日记》，陈万里著，北京朴社，1926年。

[5]《新西域记》，(日)上原芳太郎编，东京有光社，1937年。

[6]《斯坦因西域考古记》，斯坦因著，向达译，中华书局，1941年。

[7]《鉴余杂稿》，谢稚柳著，上海美术出版社，1996年。

[8]《在中国漫长的古道上》，(美)华尔纳著，王冀青译，新疆人民出版社，2000年9。

[10]《莫高窟年表》，姜亮夫著，上海古籍出版社，1985年。

[11]《敦煌劫余录》，陈垣著，国立中央研究院历史语言研究所专刊之四，1938年。

[12]《西域美术·大英博物馆藏斯坦因所获敦煌绘画》三卷，日本讲谈社，1982-1984年

[13]《西域美术·集美美术馆藏伯希和所获敦煌绘画》二卷，日本讲谈社，

1990年。

[14]《西域考古图记》，斯坦因著，中国社会科学院考古研究所译，广西师范大学出版社，1998年。

[15]《九十春秋——敦煌五十年》，常书鸿著，浙江大学出版社，1994年

[16]《莫高窟记》，张大千著，台北故宫博物院，1985年

[17]《张大千传》，李永翘著，广州花城出版社，1998年。

[18]《发现藏经洞》，斯坦因著，姜波、秦立彦译，广西师范大学出版社，2000年。

[19]《敦煌学大辞典》，季羡林主编，上海辞书出版社，1998年。

[20]《伯希和敦煌石窟笔记》，(法)伯希和著，耿升、唐健宾译，甘肃人民出版社，1993年。

[21]《敦煌文物外流关键人物探微》，金荣华著，台湾新文丰出版公司，1993年。

[22]《敦煌吐鲁番文献集成》丛书，上海古籍出版社。

[23]《敦煌艺术宗教与礼乐文明》，姜伯勤著，中国社会科学出版社，1996年。

[24]《敦煌莫高窟史研究》，甘肃教育出版社，1996年。

[25]《鸣沙集》，荣新江著，台北新文丰出版公司，1997年。

[26]《敦煌学十八讲》，荣新江著，北京大学出版社，2001年。

[27]《敦煌学新论》，荣新江著，甘肃教育出版社，2003年。

[28]《敦煌学叙论》，刘进宝著，甘肃教育出版社，1991年。

[29]《敦煌学通论》，刘进宝著，甘肃教育出版社，2003年。

[30]《敦煌学入门》，胡同庆、罗华庆著，甘肃人民出版社，1994年。

[31]《藏经洞之谜——敦煌文物流散记》，刘进宝著，甘肃人民出版社，2000年。

[32]《甘肃藏敦煌文献》，甘肃人民出版社，2000年

[33]《敦煌莫高窟北区石窟》第一卷，彭金章、王建军著，文物出版社，2000年

[34]《敦煌藏经洞发现暨敦煌学百年纪念》，敦煌研究院编内部资料，2000年。

[35]《中外敦煌学家评传》，陆庆夫、王冀青著，甘肃教育出版社，2003年。

[36]《敦煌图史》，敦煌研究院编，上海古籍出版社，2000年。

[37]《敦煌研究院》，敦煌研究院编，上海古籍出版社，2000年。

[38]《常书鸿纪念文集》，敦煌研究院编，甘肃民族出版社，2004年。

[39]《敦煌研究院院史》系列出版物，敦煌研究院编。

[40]《国际敦煌学学术史研究会论文集》，北京理工大学编印，2002年。

[41]《敦煌旧影》，敦煌研究院编，上海古籍出版社，2011年。

二、主要参考论文

[1] 陈寅恪《〈敦煌劫余录〉序》，《历史语言研究集刊》1930年第1集

[2] 罗振玉《敦煌石室书目及见之原始》，《东方杂志》第6卷第10期，清宣统元年九月（1909年）。

[3] 伯希和著，陆翔译《伯希和石室访书记》，《北京图书馆馆刊》第九卷第五号，1953年。

[4] 子青《记王道士募捐经款草丹》，国立西北图书馆主编《西北文化》第二十七期，1945年。

[5] 斯坦因著，王竹书译《斯坦因千佛洞取经始末》，《国立北平图书馆馆刊》第五卷第五号。

[6] 石璋如《关於藏经洞的几个问题》，《大陆杂志》特刊第二辑。

[7] 马世长《关于敦煌藏经洞的几个问题》，]《文物》1978年12期

[8] 殷晴《敦煌藏经洞为什么要封闭》，《文物》1979年9期

[9] 阎文儒《莫高窟的创建及藏经洞的开凿及封闭》，《文物》1980年6期

[10] 李永宁《敦煌莫高窟碑文录及有关问题（一）》，《敦煌研究》第一期

[11] 李永宁《敦煌莫高窟碑文录及有关问题（二）》，、《敦煌研究》第二期

[12] 方广锠《敦煌藏经洞封闭原因之我见》，《中国社会科学》1991年第5期

[13] 白滨《试论敦煌藏经洞的封闭年代》，《1983年全国敦煌学术讨论会文

集》石窟艺编上，甘肃人民出版社，1985年

[14] 刘玉权《敦煌莫高窟安西榆林窟西夏洞窟分期》，敦煌文物研究所编]《敦煌研究文集》，甘肃人民出版社，1982年。

[15] 贺世哲《从一条新资料谈藏经洞的封闭》，《西北史地》1984年3期

[16] 李正宇《敦煌地区古代祠庙寺观简志》，《敦煌学辑刊》1988年第1、2期。

[17] 段文杰《道教题材是如何进入佛教石窟的》，《敦煌研究》创刊号。

[18] 谭真《从一份资料谈藏经洞的封闭》，《敦煌研究》1988年4期

[19] 刘永增《回鹘文写本与莫高窟第二藏经洞》，《敦煌研究》1988年第4期

[20] 马世长《藏经洞的封闭与发现》，《文史知识》1988年第8期敦煌学专号

[21] 关百益《敦煌石室考略》，《河南博物馆馆刊》第一集，

[22] 施萍亭《三界寺·道真·敦煌藏经》，《1990年敦煌国际研讨会文集》，辽宁美术出版社，1994年

[23] 梅林《469窟与莫高窟石室藏经的方位特征》，《敦煌研究》1994年第4期

[24] 谢稚柳《敦煌石室记》，《鉴余杂稿》，上海美术出版社，1996年。

[25] 土肥义和《敦煌遗书封闭之谜》，《历史与地理》486号，山川出版社，1996年

[26] 荣新江《敦煌藏经洞的性质及其封闭原因》，季羡林主编《敦煌吐鲁番研究》第二卷，北京大学出版社，1996年

[27] 毕素娟《辽代名僧诠明著作在敦煌藏经洞出现及有关问题》，]《1990年敦煌国际研讨会文集·石窟考古编》，辽宁美术出版社，1994年

[28] 荣新江《李盛铎藏卷的真与伪》，《敦煌学辑刊》1997年第2期

[29] 钱伯泉《一场喀喇汗王朝和宋朝联兵进攻西夏的战争——藏经洞封闭的真正原因和确切时间》，《敦煌研究》2000年第2期

[30] 刘永增《藏经洞的发现与敦煌文物之流失》，《敦煌研究》2000年第2期

[31] 荣新江《王道士——敦煌藏经洞的发现者》，《敦煌研究》2000年第2期

[32] 刘进宝《20世纪敦煌藏经洞封闭时间及原因研究的回顾》，《敦煌研究》

2000年第2期

[33] 李正宇《藏经洞——学术的海洋》，《文汇报》2000年7月1日

[34] 罗新《读中译本〈西域考古图记〉书后》，象牙塔网站，2003年。

[35] 施萍婷、邰惠莉《任谁陈述敦煌史，也话发现藏经时》，《丝绸之路》2000年第4期。

[36] 柴剑虹《敦煌文物，不仅仅是索回》，《敦煌吐鲁番学论稿》，浙江教育出版社，2000年。

[37] 贺世哲《对张大千"不曾破坏敦煌壁画"之质疑》，《敦煌研究》2001年第1期

[38] 王凡《1941年王子云率团考察敦煌石窟》，《敦煌研究》2001年第1期

[39] 荣新江《再论敦煌藏经洞的宝藏——三界寺与藏经洞》，郑炳林主编《敦煌佛教艺术文化国际学术研讨会论文集》，兰州大学出版社，2002年。

[40] 上山大峻《敦煌遗书的吐蕃特色与藏经洞封闭之谜》，《戒幢佛学》第二卷，戒幢佛学研究所，岳麓书社，2002年

[41] 文正义《敦煌藏经洞封闭原因新探》，《戒幢佛学》第二卷，戒幢佛学研究所，岳麓书社，2002年。

[42] 荣新江《惊沙撼大漠——向达的敦煌考察及其学术意义》，《国际敦煌学学术史研究会论文集》，北京理工大学编印，2002年。

[43] 沙武田《敦煌藏经洞封闭原因再探》，《中国史研究》2006年第3期。

[44] 张先堂《中国古代佛教三宝供养与"经像瘗埋"——兼谈敦煌莫高窟藏经洞的封闭原因》，《佛学研究》2018年第1期。

三、主要参考刊物

[1] 敦煌研究院主办《敦煌研究》

[2] 兰州大学敦煌学研究所主办《敦煌学辑刊》

[3] 台湾汉学研究中心主办《敦煌学》

[4] 中国敦煌吐鲁番学会主办《敦煌吐鲁番研究》

【后 记】

1996年流火的七月，我独自踏上了西行的列车，开始了自己寻梦的日子，莫高窟成了我人生的一个新的起点，这一去注定了我与敦煌不尽的一生之缘。时至今日，在莫高窟寒来暑往，已是七年的岁月，我也不经意中迈进了而立之年的门槛。回想自己在敦煌的耕耘，深感敦煌之博大，时时惭愧自己的无知。

记忆犹如昨日，初到莫高窟的那个早晨，天气晴朗，一下车，一股清新的感觉扑面而来，绿树成荫的宕泉河两岸与一路上不毛的戈壁沙漠形成了极其鲜明的对比，莫高窟给我一个极好的第一印象。可能是出于学考古学的专业敏感性，第一眼就看到了位于当时停车场前的一些土塔，后来一问才知道其中最大者即为“道士塔”。很快就进入洞窟，看到了久闻的“藏经洞”。虽然我当时站在敦煌学的大门之外，对“藏经洞”没有太多的了解，但是隐隐之中还是升起一丝心痛的感觉。这种心痛感伴随我至今，且愈来愈痛。

因为是日日夜夜地守望着莫高窟，可以每天出入洞窟，加上自己也不时地带人参观、考察，就随时可以听到每一位来莫高窟者对敦煌的感觉与感想，听到最多的仍然是有关“藏经洞”的事情。只是对一般游人而言，虽然对藏经洞表现出极大的兴趣，深深的长叹，可又有几个人真正地理解“藏经洞”呢？

后来我参加了莫高窟下寺，即王道士主持营建的“三清宫”的考古发掘工作，就更是与“藏经洞”贴近了一步。现在维修一新的“三清宫”成了“藏经洞陈列馆”，是了解藏经洞的窗口。

在莫高窟生活，每天的傍晚都要在窟前漫步，都要经过“道士塔”、“三清宫”，都可以看到藏经洞所在的“三层楼”，这一切不经意中都促使自己不断地思考“藏经洞”。时间一长就觉得有必要写点东西出来。

学术性的探讨，一百年间，学者们早已涉及了各个方面，谜团仍多，但那是少数学人的事情，深感还是要让更多的人了解“藏经洞”，于是就有了写本通俗读物的初衷。非常幸运的是，民族出版社和兰州大学敦煌学研究所合作，其中就有出版系列敦煌通俗读物的计划，深感意义重大。作为就读于兰州大学敦煌学研究所的一名博士生，有幸忝陪末座，也正好把多年来对“藏经洞”的“漫记杂谈”写了出来，以飨读者。如果能为普及“藏经洞”做一点贡献，就十分满足了。写作的过程，十分粗心，至为惭愧。

写作此书，参考了前辈学者们大量的成果，只是由于通俗读物的出版要求，无法一一详细注释说明，只能以参考书目与文献的方式列出，也有的无法一一列出，在此表示感谢之余，深表歉意。幸好都是为了弘扬敦煌文化，目的是一致的，使慌恐的心情有几份安慰吧。

愿这本小书为读者进一步了解敦煌“藏经洞”有所裨益。也期待着读者的批评指正。

沙武田

2003年8月30日于莫高窟

【再版后记】

时光飞逝，距离2004年出版《藏经洞史话》已经有14个年头，我从事敦煌研究也有22年，在这不长但也不能算短暂的时间里，可以说藏经洞的问题一直是我关注的学术点之一。之前编写这本小册子时，自己正在莫高窟修炼人生。今天老话重提，整理旧稿，感觉自己仿佛又回到了莫高窟青春年少的日子。

在莫高窟生活过的人都有一种对那个神奇地方深深的眷恋，2015年之前我在敦煌研究院工作，莫高窟是我的精神之恋。因为自己有长时间在洞窟中面壁的学习工作经历，因此对敦煌的思考也相对要复杂一些。我在敦煌学领域尝试过几个专题的研究，先后就敦煌画稿、吐蕃统治时期敦煌石窟、敦煌的粟特美术、敦煌洞窟供养人画像、原创性洞窟个案（榆林窟第25窟、莫高窟第156窟）、归义军时期敦煌石窟考古、丝绸之路上的敦煌与长安、敦煌西夏石窟等有所涉猎，多属各类课题支撑，且多已出版。

之所以会在不同的专题、题目之间游离，是因为敦煌学博大精深，敦煌石窟图像和藏经洞资料浩如烟海，其中有太多的历史问题强烈地吸引着我的眼球，每每勾起探索的欲望，总觉得有研究不完的问题。当然，这样做的一个负面影响就是对每个专题研究得不够深入。兴趣使然，也就顺其自然，跟着感觉走吧。

我想对任何一位从事敦煌研究的人而言，有一个问题是不能不有所思考的，那就是藏经洞。试想如果没有藏经洞，敦煌学的学术史就会是完全另外一种景象，我们对敦煌内涵的理解也会受到影响，敦煌文化精彩程度和吸引力要大打折扣。洞破惊天，国际显学敦煌学应运而生。藏经洞的问题直到今天仍然是个历史之谜，诸如封闭的时间、封闭的原因、藏经洞的性质等基本问题还没有一个让大家觉得信服的解说与答案。藏经洞之所以如此让人着迷，大概也与此有关吧。

今天在面对我们国家提出的“一带一路”世界性命题时，敦煌成为一个新时代最响亮的名词，是丝绸文化与艺术的象征，敦煌在世界范围内受到的关注比历史的任何时期都要广泛。四年前，我的人生轨迹也发生了变化，离开我挚爱的敦煌，来到了丝路起点长安，重新规划人生，执起教鞭。但敦煌是我永远的主题，对藏经洞的关注和思考也从未停止。

应甘肃人民出版社牟克杰先生约稿，让我把之前有关藏经洞的书稿再整理一下再版，以飨读者。我考虑了一下，也觉得或许有一定的意义，把我曾经作为一名莫高窟“常住百姓”时对藏经洞、对敦煌、对莫高窟的认识、感想、心得、体会写下的文字，时隔15年后再度整理出版，也算是保持我个人对那段人生美好时光的记忆。另一方面，也对之前的文字作了些小的调整，把最新的学术研究成果补充进来，增加了图版，彩色印刷，有利于读者的阅读和理解。

希望这本小册子对普通的读者有益，对前来敦煌观光游玩的游客有所启示，则足矣！

沙武田

2019年2月15日于西安曲江自宅